Das Twitter-Buch

Tim O'Reilly und Sarah Milstein

mit Volker Bombien, Corina Pahrmann & Nathalie Pelz

O'REILLY®

Beijing · Cambridge · Farnham · Köln · Sebastopol · Tokyo

Kommentare und Fragen können Sie gerne an uns richten:
O'Reilly Verlag
Balthasarstr. 81
50670 Köln
E-Mail: kommentar@oreilly.de

1. Auflage 2009
2. Auflage 2011

Die 1. Auflage des Buches erschien 2009 unter dem Titel *The Twitter Book* bei O'Reilly Media, Inc. Sie wurde für die 2., deutsche Auflage komplett überarbeitet und erweitert.

Bibliografische Information Der Deutschen Bibliothek
Die Deutsche Bibliothek verzeichnet diese Publikation in der Deutschen Nationalbibliografie; detaillierte bibliografische Daten sind im Internet über http://dnb.d-nb.de abrufbar.

Überarbeitung und Aktualisierung: Volker Bombien, Corina Pahrmann & Nathalie Pelz, Köln
Übersetzung der 1. Auflage: Jørgen W. Lang, Sélestat
Lektorat: Inken Kiupel, Köln
Korrektorat: Friederike Daenecke, Zülpich
Produktion: Andrea Miß, Köln
Satz: III-satz, Husby
Belichtung, Druck und buchbinderische Verarbeitung: Media-Print, Paderborn

ISBN 978-3-89721-591-7
Dieses Buch ist auf 100% chlorfrei gebleichtem Papier gedruckt.

ÜBER DIE AUTOREN

Tim O'Reilly (@timoreilly)

Tim O'Reilly ist Gründer und CEO von O'Reilly Media, Inc., einer Firma, die von einigen als der beste Computerbuchverlag der Welt angesehen wird. O'Reilly Media ist nicht nur als Buchverlag aktiv, sondern publiziert auch online im O'Reilly Network. Darüber hinaus richtet O'Reilly Konferenzen zu IT-Themen aus, darunter die O'Reilly Open Source Convention (OSCON), die O'Reilly Emerging Technology Conference (ETech), den Web 2.0 Summit, die Web 2.0 Expo und den Gov 2.0 Summit. Tims Blog, der O'Reilly Radar, greift Themen auf, mit denen sich Alpha-Geeks gerade beschäftigen, und spürt so neue Technologietrends auf. Darüber hinaus bietet der O'Reilly Radar eine Plattform, auf der sich Tim und andere O'Reilly-Mitarbeiter für wichtige Belange der Technik-Community stark machen. Wenn Sie mehr über Tim erfahren möchten, schauen Sie auf *http://tim.oreilly.com* vorbei.

Sarah Milstein (@SarahM)

Sarah Milstein schreibt und spricht häufig über Twitter, darüber hinaus führt sie auch Twitter-Schulungen durch. Sie ist Mitbegründerin von 20slides.com, einer Website für lebendige Workshops zur Karriereplanung. Bis vor kurzem arbeitete sie als Senior Editor für O'Reilly und betreute die Missing Manuals, eine erfolgreiche Computerbuch-Reihe für weniger technikaffine Leser. Bei einem Buch dieser Reihe, *Google: The Missing Manual*, hat sie auch als Co-Autorin mitgewirkt. Ebenfalls in ihrer Zeit bei O'Reilly rief Sarah die Tools of Change Conference (TOC) ins Leben, die 2009 erstmalig auch in Deutschland stattfand.

Bevor Sarah zu O'Reilly kam, war sie freiberufliche Autorin und Lektorin und schrieb regelmäßig für die New York Times. Sie ist Mitbegründerin von Two Tomatoes Records, einem Label, das die Musik des Kinderstars Laurie Berkner verbreitet und promotet.

Volker Bombien

Lektor beim O'Reilly Verlag. Interessiert sich vor allem für IT-Themen, zu denen es noch keine Bücher gibt.
#Trüffelschwein

Corina Pahrmann

Freie Journalistin, Autorin und PR-Frau mit ♥ für Social Media. Außerdem Recherche-Queen und Informationssortiererin.
#Buchstabenjunkie

Nathalie Pelz

Marketing & PR beim O'Reilly Verlag. Autorin, bloggt und twittert mit Leidenschaft für Geeks, Nerds und IT-Themen.
#Perlentaucher

Inhaltsverzeichnis

Einleitung 5

1. Den Einstieg finden 19
Melden Sie sich an 21
Ein ansprechendes Profil erstellen 23
Was ist „Following"? 25
Finden Sie Bekannte auf Twitter 27
Vorschläge für Twitterer, denen es sich zu folgen lohnt 29
Die 140-Zeichen-Grenze testen 31
Zu lange Nachrichten kürzen 33
Das Geheimnis der Links 35
Wie vielen Twitterern sollten Sie folgen? 37
Mit Listen den Überblick behalten 39
Mitreden: Das Hashtag (#) unter der Lupe 41
Twitter-Jargon: Tweet 43
Twitter-Jargon: @Erwähnungen 45
Twitter-Jargon: Retweet 47
Twitter-Jargon: Nachrichten (DM) 49
Twitter-Jargon: Fail Whale 51
Drei Wochen ausprobieren oder Geld zurück. Garantiert! 53
Hilfe zu Twitter finden 55

2. Mithören 57
Die Twitter-Suche benutzen 59
Behalten Sie die „heißen Themen" im Blick 61
Trends aufspüren: Werkzeug Nr. 1 63
Trends aufspüren: Werkzeug Nr. 2 65
Trends aufspüren: Werkzeug Nr. 3 67
Trends aufspüren: Werkzeug Nr. 4 69
Die erweiterte Suche nutzen 71
Vier wichtige Suchthemen 73
Die erweiterte Suche erweitern 75
Suchergebnisse per RSS mitverfolgen 77
Suchergebnisse per E-Mail-Benachrichtigung mitverfolgen 79
Getwitterte Links zu Ihrer Website mitverfolgen 81
Herausfinden, was andere lesen 83
Tweets als Favoriten markieren 85
Wer mag meine Tweets? 87
Drittprogramme, die Ihr Leben verändern 89
Lebensveränderndes Programm Nr. 1: Seesmic Desktop 91

Lebensveränderndes Programm Nr. 2: TweetDeck 93
Lebensveränderndes Programm Nr. 3: Hootsuite 95
Wenn Sie Twitter in Ihren Browser integrieren möchten 97
Folgen Sie schlauen Köpfen, die Sie nicht kennen 99
Finden Sie heraus, wer auf Twitter einflussreich ist 101

3. Interessante Gespräche führen 103
Finden Sie gute Follower 105
Beantworten Sie Ihre @Erwähnungen 107
Klare und elegante Retweets: Teil 1 109
Klare und elegante Retweets: Teil 2 111
Klare und elegante Retweets: Teil 3 113
Wann via besser ist als RT 115
Was ist einen Retweet wert? 117
Retweet-Fehlersuche 119
Stellen Sie Fragen 121
Beantworten Sie Fragen 123
Sinnvolle @Antworten geben 125
Twittern Sie oft, aber nicht zu oft 127
Drei coole Hashtag-Tricks 129
Lernen Sie Ihre Follower kennen 131
Werkzeuge, mit denen Sie mehr über Ihre Follower erfahren 133
Das Following höflich beenden 135
Schicken Sie keinesfalls automatische Direktmitteilungen 137
Verschicken Sie keinen Spam 139
Bekämpfen Sie Spam 141
Twittertreffen in der Realität 1: Tweetup 143
Twittertreffen in der Realität 2: Twittwoch 145
Twittertreffen in der Realität 3: Twittagessen 147

4. Informationen und Ideen weitergeben 149
Seien Sie für andere interessant 151
Sorgen Sie dafür, dass Ihre Nachrichten gesehen werden 153
Auf interessante Web-Inhalte verlinken 155
Auf eigene Blogs und Websites ansprechend verlinken 157
Links auf Tweets setzen 159
Bilder verschicken 161
Dinge aufschnappen 163
Twitter als Veröffentlichungsplattform 165
Machen Sie gute Vorschläge am FollowFriday 167
Posten Sie an den richtigen Tagen 169
Posten Sie wichtige Nachrichten neu 171

5. Zeigen Sie sich 173

Posten Sie persönliche Updates 175
Mehr als „Was gibt's Neues?" 177
Füllen Sie das „Bio"-Feld aus (das dauert nur zwei Sekunden) 179
Benutzen Sie ein passendes Profilbild 181
Ein eigener Profilhintergrund: Teil 1 183
Ein eigener Profilhintergrund: Teil 2 185

6. Twitter fürs Business 187

Erst zuhören 189
Klare Ziele verfolgen 191
Andere Kanäle einbeziehen 193
Klein anfangen, dann wachsen 195
Überlegen Sie, wer für Sie twittern sollte 197
Zeigen Sie, wer sich hinter dem Vorhang verbirgt 199
Mehrere Twitterer in der Firma koordinieren 201
Mehrere Benutzerkonten koordinieren 203
Sorgen Sie dafür, dass Sie auch gefunden werden 205
Seien Sie gesprächig 207
Leiten Sie Tweets Ihrer Kunden per Retweet weiter 209
Solide Unterstützung für Ihre Kunden 211
Schreiben Sie möglichst WENIG über Ihre Firma 213
Kreativ auf eigene Sites verlinken 215
Mit Twitter Geld verdienen 217
Twittern Sie über Probleme ... und Lösungen 219
Posten Sie persönliche Updates 221
URL-Verkürzungsdienste und Klicks 223
Journalisten und PR-Leute einbeziehen 225
Folgen Sie (fast) jedem, der Ihnen auch folgt 227
Drei wichtige Werkzeuge für geschäftliche Benutzerkonten 229
Suchen Sie regelmäßig nach neuen Twitter-Diensten 231

7. Twitter mit anderen Websites verbinden 233

Tweets zu Facebook weiterleiten 235
Twitter an Facebook 237
Facebook an Twitter 239
Mädchen für alles: Ping 241
Tweets auf Blog und Website bringen 243
Twitter-Widgets 245
Twitter-Buttons 247

8. Twittern von unterwegs 249
Twittern mit dem Smartphone: Teil 1 251
Twittern mit dem Smartphone: Teil 2 253
Twittern mit dem Smartphone: Teil 3 255
Mit dem Handy via SMS twittern 257
Live von Veranstaltungen twittern 259
Mit Twitter auf Reisen 261
Twittern aus dem Urlaub 263
Die Konversation fortführen 265

Index 266

#TwitterBuch

Das Hashtag für dieses Buch ist #TwitterBuch

Hashtag? **Äh, was?**

Ein Hashtag ist ein Begriff, der auf das #-Symbol folgt. Es ist dazu da, Twitter-Nachrichten verschiedenen Themen zuzuordnen und sie so leichter auffindbar zu machen. In Kapitel 1 und 3 zeigen wir Ihnen, wie Hashtags funktionieren und wie Sie sie auf verschiedene coole Weisen einsetzen können.

Wenn Sie bereits wissen, wie Hashtags funktionieren, möchten wir Sie ermuntern, dieses Hashtag zu benutzen, wenn Sie über unser Buch twittern. Wir freuen uns natürlich über Nachrichten, ob und wie Ihnen das Buch geholfen hat. Anregungen, Kritik und Verbesserungsvorschläge sind aber mindestens genauso willkommen. Wenn wir Ihren Tipp in einer zukünftigen Auflage verwenden, erscheinen Sie auf jeden Fall in den Danksagungen. Lassen Sie sich also nicht abhalten!

Einleitung

Im März 2006 hatte ein neuer Kommunikationsdienst namens Twttr sein Debüt. Er begann als kleines Nebenprojekt einer Podcast-Firma in San Francisco. Allerdings dauerte es nicht sehr lange, bis Twitter selbst die Hauptattraktion wurde.

Heute, gerade einmal fünf Jahre später, ist Twitter längst als Kommunikations- und Nachrichtendienst etabliert. Es hat mehr als 145 Millionen registrierte Accounts weltweit, davon etwa 275.000 deutschsprachige Twitterkanäle.[1] Darunter sind nicht nur twitternde Privatpersonen zu verstehen, sondern auch Unternehmen und Organisationen, Medien oder auch Objekte wie die sagenumwobene twitternde Topfpflanze.

Ereignisse wie die Notwasserung eines Flugzeugs auf dem Hudson River verhalfen Twitter regelmäßig zu enormer medialer Aufmerksamkeit. Der Boom von Smartphones und anderer mobiler Geräte sorgte ebenfalls für hohe Zuwachsraten, und auch wenn Twitter heute weniger stark wächst als noch vor einem Jahr, ist es neben Facebook, YouTube und Blogs fester Bestandteil der Social Media-Palette.

Dieses Buch wird Ihnen dabei helfen, zu verstehen, was in der Zwischenzeit passiert ist, **warum Twitter einen hohen Nutzen (und ein großes Suchtpotenzial) hat und wie Sie die Stärken von Twitter für sich nutzen können.**

1. Zahlen weltweit via Twitter, Inc., Juni 2010 (http://techcrunch.com/2010/09/02/twitter-stats/). Deutsche Zahlen: Schätzung nach webevangelisten.de (http://webevangelisten.de/twitternutzerzahlen-deutschland-oesterreich-schweiz/).

@OReilly_Verlag
OReilly_Verlag

Wir wünschen allen Geeks, Nerds, Programmierern, Entwicklern, Admins, Social Media-Fans+unseren Lesern einen guten Rutsch + ein tolles 2011!

31 Dez via web ☆ Als Favorit markieren ↰ Antworten Löschen

Was ist Twitter?

Twitter ist ein Nachrichtendienst, der eine Menge Gemeinsamkeiten mit Werkzeugen hat, die Sie bereits benutzen. Es enthält Elemente, die Ähnlichkeit mit E-Mail haben, mit Instant Messaging, SMS, Blogging, RSS, sozialen Netzwerken und so weiter. Einige Faktoren und speziell ihre Kombination machen Twitter so einmalig:

Die Nachrichten, die Sie auf Twitter senden und empfangen, sind nicht länger als 140 Zeichen, ungefähr so lang wie eine Schlagzeile. Das heißt, die Meldungen sind **sehr einfach zu schreiben und zu lesen.**

Wie Blogeinträge sind Twitter-Nachrichten öffentlich, und Sie müssen Lesern nicht ausdrücklich erlauben, Ihre Artikel zu lesen. Das heißt: **Sie können auf Twitter sofort neue Leute kennenlernen.**

Die Nachrichten können abonniert werden. Twitter-Nutzer entscheiden sich, den Strom der Meldungen von anderen mitzulesen. (Auf Twitter nennt man das „folgen" bzw. „following".) Das heißt: **Sie müssen interessant sein,** oder niemand wird Ihre Neuigkeiten lesen.

Die Nachrichten können auf verschiedene Arten verschickt und empfangen werden, d. h. mit Handys, PCs, Websites und Desktop-Programmen, und sie werden in Echtzeit veröffentlicht. Das heißt: **Twitter fügt sich in fast jeden Arbeitsablauf ein.**

Wenn Sie sämtliche Einzelteile zusammennehmen, noch eine Prise Freundlichkeit hinzufügen, die auf Twitter üblich ist, erhalten Sie eine mächtige und (im wahrsten Sinne des Wortes) ansprechende Kommunikationsplattform, die für eine Reihe von persönlichen und beruflichen Bedürfnissen sehr praktisch sein kann.

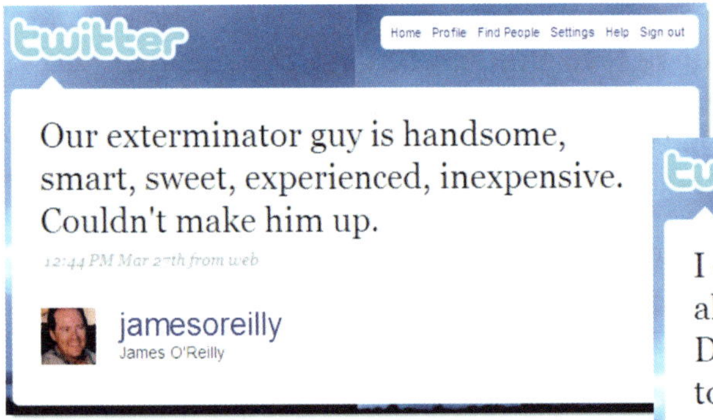
twitter
Home Profile Find People Settings Help Sign out
Our exterminator guy is handsome, smart, sweet, experienced, inexpensive. Couldn't make him up.
12:44 PM Mar 27th from web
jamesoreilly
James O'Reilly

twitter
Home Profile Find People Settings Help Sign out
I don't know about you, but I always get all teary-eyed watching space launches. Deeply touched by fellow humans, able to do this.
3:56 PM Mar 15th from web
jamesoreilly
James O'Reilly

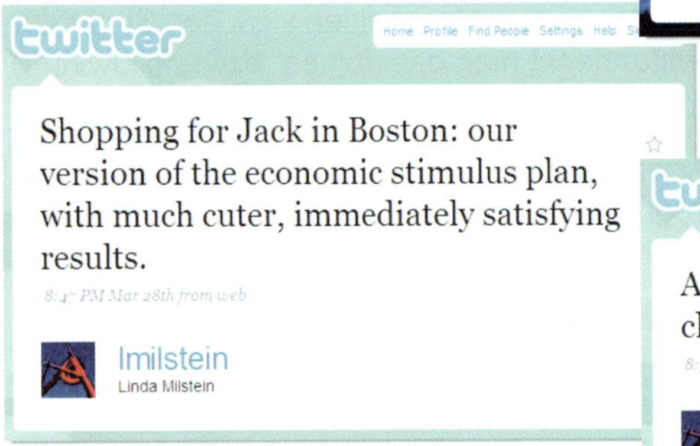
twitter
Home Profile Find People Settings Help
Shopping for Jack in Boston: our version of the economic stimulus plan, with much cuter, immediately satisfying results.
8:47 PM Mar 28th from web
lmilstein
Linda Milstein

twitter
Home Profile Find People Settings Help Sign out
A two-month old baby is a natural clothes horse. See today's DDOJ.
8:59 PM Mar 30th from web
lmilstein
Linda Milstein

Wofür eignet sich Twitter?
„Ambient Intimacy"

Twitter stellt genau eine Frage: „Was gibt's Neues?" bzw. „What's happening?", wenn Sie die englische Spracheinstellung der Website gewählt haben. Manche Twitterer antworten darauf ziemlich pflichtbewusst. Sie melden, dass sie eben aufgestanden sind, fotografieren ihr Mittagessen oder berichten von ihren Plänen für den Abend. Da die Meldungen nicht nur vom Computer, sondern auch per Handy verschickt werden können, twittern viele, wenn sie gerade bei MampfBurger sitzen, im Stau stehen oder gerade ins nächste Flugzeug steigen.

Obwohl diese Statusmeldungen langweilig wirken, führt das Wissen, was Ihre Freunde oder Kollegen gerade tun (ohne darauf antworten zu müssen), zu einer **leichtgewichtigen, aber bedeutungsvollen Verbindung**, die gelegentlich als Ambient Awareness (etwa: Umgebungsbewusstsein) oder *Ambient Intimacy* (etwa: Umgebungsvertrautheit) bezeichnet wird, ein Begriff, der von Leisa Reichelt (@leisa) geprägt wurde.

Tim über Ambient Intimacy: Ich sehe und spreche meinen Bruder James nur alle paar Monate und hoffe jedes Mal auf mehr Zeit. Auf Twitter folge ich ihm täglich. Natürlich fehlt unser gemeinsamer Hintergrund anderen Leuten. Er weint z.B. bei Raketenstarts: Als Kinder haben wir immer gebetet, dass ein UFO in unserem Garten landen möge. Und es ist gut, dass er einen Kammerjäger engagiert hat, um die bissigen Spinnen loszuwerden, die meinen letzten Besuch stark verkürzt haben. Nur wenige andere wissen, dass sein Desktop-Hintergrund ein Foto des Grabes von unserem Vater in Irland ist.

Sarah über Ambient Intimacy: Mein Bruder und seine Frau haben ein Baby bekommen, und es freut mich riesig, zu sehen, wie sich meine Eltern in rührende Großeltern verwandeln. Kleine Twitter-Nachrichten über ihre Erfahrungen lassen die fast 5.000 km Entfernung viel kürzer erscheinen.

@tknuewer
Thomas Knuewer

Hervorragender Artikel von @ChrisStoecker zu den absurden Äußerungen von WDR-Offline-Chefin Monika Piel: http://j.mp/hbsMG8

vor 59 Minuten via Twitter for iPhone ☆ Als Favorit markieren ⇄ Retweet ↰ Antworten

@RobGreen
Robert Basic

Twitter für die Krisenkommunikation – wie Flughäfen im Schneechaos twittern | coole Analyse von Schmollgruber http://bit.ly/gSSSvK #kudos

20 Dez via bitly ☆ Als Favorit markieren ⇄ Retweet ↰ Antworten

@sascha_p
Sascha Pallenberg

Live von der ASUS Pressekonferenz – CES 2011 http://goo.gl/fb/VG2Gs

vor 2 Minuten via Google ☆ Als Favorit markieren ⇄ Retweet ↰ Antworten

Wofür eignet sich Twitter?

Nachrichten und Kommentare weitergeben

Diese Ambient Intimacy ist nicht die einzige Sache, für die Twitter gut ist. Je mehr Nutzer der Dienst hat, desto mehr Leute erzählen davon, was sie gerade lesen, sehen, hören und worüber sie gerade nachdenken – oftmals mit Links auf weitere spannende Dinge. Dadurch kommt Twitter eine Schlüsselrolle in der sogenannten Aufmerksamkeitsökonomie zu, indem es **Ideen und Kommentare darüber verteilt, was Menschen beschäftigt und womit sie sich auskennen.**

@rivva
rivva

Die aktuelle Situation rund um die Vorratsdatenspeicherung – netzpolitik.org http://www.netzpolitik.org/?p=19450 http://rivva.de/QvkI

vor 24 Minuten via Riwa ☆ Als Favorit markieren ⇄ Retweet ↰ Antworten

@WorldVisionAT
World Vision Austria

In der Nacht zum Montag kam es in Chile zu einem Erdbeben der Stärke 7,2. Menschen und Sachwerte nicht zu Schaden http://bit.ly/bCDch7

vor 13 Stunden via web ☆ Als Favorit markieren ⇄ Retweet ↰ Antworten
von Wien, Wien

Wofür eignet sich Twitter?

Aktuelle Meldungen und gemeinsame Erfahrungen

Twitter ist die Echtzeit-Zeitung der Welt. Als im Januar 2009 ein US Airways-Flugzeug im Hudson River notlandete, twitterte ein Fährpassagier ein Bild und einen Kommentar und kam so den professionellen Medien mit einer Geschichte zuvor, die quasi in ihrem eigenen Wohnzimmer passierte.

Twitter ist auch der beste Seismograph der Welt, weil Menschen massenhaft über Ereignisse twittern, sobald diese passieren. Sekunden nach dem tragischen Erdbeben auf Haiti im Januar 2010 verbreiteten sich über Twitter Informationen, Hilfsangebote und Fotos des Unglücks. Was Obi-Wan Kenobi in Star Wars sagte, wurde durch Twitter zur Wahrheit: „Ich spürte eine große Erschütterung der Macht, als ob Millionen in panischer Angst aufschrien und plötzlich verstummten."

Der Dienst hat sich also zu einem **großartigen Werkzeug zum Teilen gemeinsamer Erfahrungen** entwickelt. Hierbei geht es nicht nur um Notfälle, wie Naturkatastrophen und Terroranschläge, sondern auch um organisierte Veranstaltungen wie Konferenzen und Konzerte. Auch wenn Twitter bestimmte Meldungen stoßwellenartig verbreitet, können einzelne Posts Leuten helfen, Ereignisse zu bestätigen, Hilfsangebote wahrzunehmen und bei Notfällen anderen mitzuteilen, dass sie in Sicherheit sind.

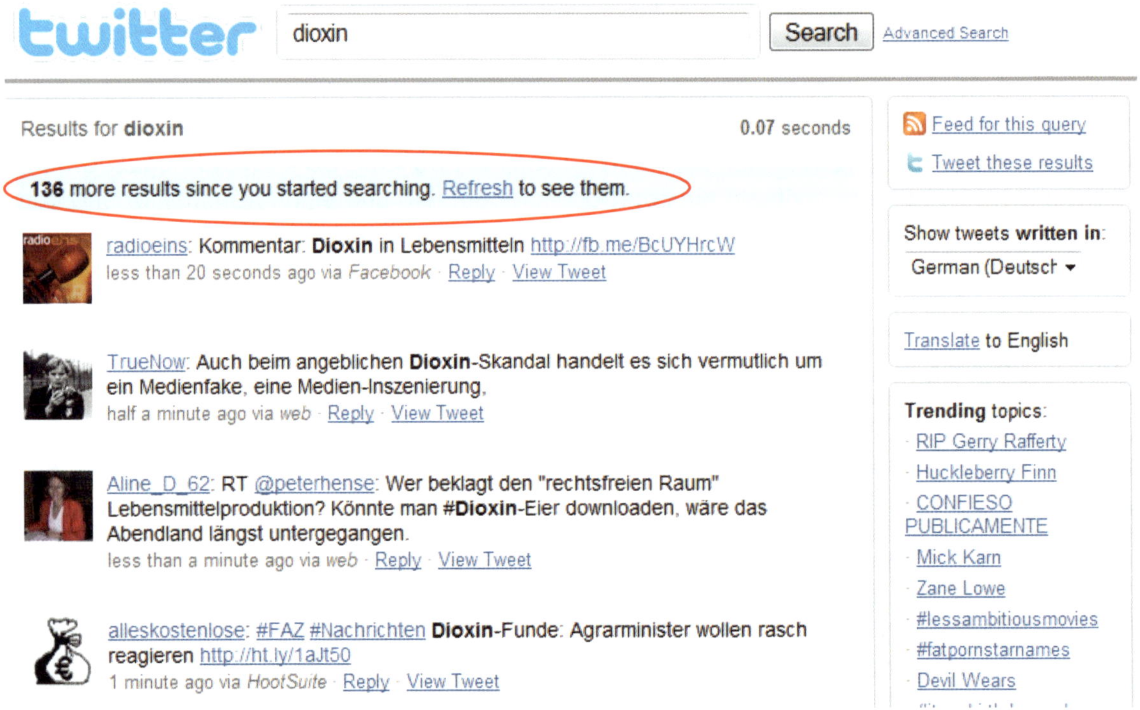
twitter
dioxin
Search
Advanced Search
Results for dioxin
0.07 seconds
136 more results since you started searching. Refresh to see them.
radioeins: Kommentar: Dioxin in Lebensmitteln http://fb.me/BcUYHrcW
less than 20 seconds ago via Facebook · Reply · View Tweet
TrueNow: Auch beim angeblichen Dioxin-Skandal handelt es sich vermutlich um ein Medienfake, eine Medien-Inszenierung,
half a minute ago via web · Reply · View Tweet
Aline_D_62: RT @peterhense: Wer beklagt den "rechtsfreien Raum" Lebensmittelproduktion? Könnte man #Dioxin-Eier downloaden, wäre das Abendland längst untergegangen.
less than a minute ago via web · Reply · View Tweet
alleskostenlose: #FAZ #Nachrichten Dioxin-Funde: Agrarminister wollen rasch reagieren http://ht.ly/1aJt50
1 minute ago via HootSuite · Reply · View Tweet
Feed for this query
Tweet these results
Show tweets written in:
German (Deutsch
Translate to English
Trending topics:
RIP Gerry Rafferty
Huckleberry Finn
CONFIESO PUBLICAMENTE
Mick Karn
Zane Lowe
#lessambitiousmovies
#fatpornstarnames
Devil Wears

Wofür eignet sich Twitter?
Gedanken lesen

Selbst wenn Sie keinen eigenen Twitter-Account besitzen, ist die Suchfunktion der Site **ein erstaunliches Werkzeug, um zu ermitteln, worüber einzelne Leute nachdenken und womit sich bestimmte Gruppen beschäftigen.**

Eine gut formulierte Suche kann offenbaren, was andere von Ihrer Firma, Ihrem letzten Vortrag und Ihrer Lieblingsfernsehserie halten. Die 10 „Trends" (beliebte Themen), die rechts neben Ihrem Nachrichtenstrom angezeigt werden und sich ständig verändern, geben einen Überblick darüber, was anderen Twitter-Usern im Moment wichtig ist – und zwar wahlweise weltweit oder in einzelnen Ländern und Städten.

Der Schlüssel zu diesem Teil von Twitter sind die **Aktualisierungen in Echtzeit**. Links sehen Sie einen Suchlauf, den wir an einem normalen Mittwochmorgen durchgeführt haben. Innerhalb von fünf Minuten kamen 136 neue Tweets zum gerade aufgetreteten Dioxin-Skandal in Deutschland hinzu – ein Thema, das gerade die Medien und vor allem auch Twitter beherrschte.

@OReilly_Verlag
OReilly_Verlag

@S_2K Infos zu unseren Computerbüchern und alles zum Verlag gibt es bei @OReilly_Verlag :-)

18 Nov via web ☆ Als Favorit markieren ↰ Antworten 🗑 Löschen

@kesslermichael
michael kessler

In dieser Woche ist es endlich da! Das erste Hörbuch mit Kessler, Frier & Outtakes! Wer braucht noch ein Xmas-Geschenk? http://bit.ly/gzaLfv

☆ Als Favorit markieren ⇄ Retweet ↰ Antworten

@Telekom_hilft
Telekom hilft

@HanSolo86 Ja, Sie können zwei T-Mobile Verträge unter einer Kundennummer vereinen. Darf ich dies für Sie beauftragen? ^ta

vor 20 Minuten via CoTweet ☆ Als Favorit markieren ⇄ Retweet ↰ Antworten

Wofür eignet sich Twitter?
Geschäftliche Gespräche

Twitter ist als **Kommunikationskanal für Unternehmen** nicht mehr wegzudenken. Hierbei können Firmen mit ihren Kunden, Partnern und anderen Teilen des Betriebs direkt in Kontakt treten. Sie können auf ihre Produkte aufmerksam machen und Promo-Aktionen durchführen, sie können aber auch Kundenmeinungen einfangen, eine Art Hotline entwickeln oder Informationen exakt dann zum Kunden bringen, wenn er sie braucht.

Prominente, die selbst so etwas wie Mini-Firmen sind, treten in neuer Weise mit ihren Fans in Kontakt. Nehmen Sie beispielsweise den deutschen Comedian Michael Kessler (@kesslermichael), bekannt durch „Manta, Manta" und „Switch Reloaded". Über seinen Twitterkanal informiert er über aktuelle Projekte, weist auf TV-Auftritte hin und bittet seine Fans um Feedback, indem er gelegentlich Umfragen über **Twtpoll** (http://twtpoll.com) einbindet.

Twitter ist also nicht nur ein Informations- und Kommunikationswerkzeug für Privatleute, es dient auch zum Bewerben von Produkten, zur Begleitung von Veranstaltungen und dazu, Botschaften schnell und schnörkellos an eine bestimmte Zielgruppe zu bringen. Schnörkellos heißt dabei nicht fantasielos, im Gegenteil: Lassen Sie sich ruhig etwas einfallen!

KAPITEL 1 | Den Einstieg finden

Twitter führt ein Doppelleben. Einerseits ist es ein einfacher Dienst. Außer dass Sie sehr kurze Nachrichten schreiben und lesen können, gibt es nur wenig Beiwerk. Andererseits kann es schwierig sein, sich auf Twitter zurechtzufinden. Die Seiten sind nicht gerade intuitiv aufgebaut, die Sprache und Symbole sind ebenfalls eher undurchsichtig. Noch irritierender ist die Tatsache, dass auf den ersten Blick überhaupt nicht klar ist, warum die Leute von Twitter so begeistert sind. **Wo liegt der Spaßfaktor? Der Nutzen? Das Revolutionäre?**

In der Einleitung haben wir Ihnen ein paar großartige Verwendungsmöglichkeiten von Twitter gezeigt. In diesem Kapitel helfen wir Ihnen bei den Vorbereitungen und geben Ihnen einige wichtige Informationen, die Ihnen bei der erfolgreichen Kommunikation über den Dienst helfen sollen. Außerdem werden wir die häufigsten Fachbegriffe und Symbole entschlüsseln. (Falls Sie übrigens eine barrierefreie Version von Twitter brauchen, versuchen Sie es einmal mit **Accessible Twitter** [http://accessibletwitter.com]).

Natürlich ist Twitter besonders gut geeignet, um anderen zuzuhören. Hierfür brauchen Sie kein Benutzerkonto. Wenn es Ihnen nur darum geht, die wichtigsten Neuigkeiten zu erfahren, lesen Sie am besten gleich in Kapitel 2 weiter.

Mach mit!
Bereits bei Twitter? Einloggen.
Benutzt Du Twitter schon auf Deinem Handy? Anmeldung jetzt fertigstellen
Vollständiger Name
Peter Müller
ok
Your full name will appear on your public profile
Benutzername
pmue13
ok
Dein öffentliches Profil: http://twitter.com/ pmue13
Passwort
Gut
E-Mail
pmue113@petermueller.
ok
Andere können mich über meine E-Mail-Adresse finden
Note: Email will not be publicly displayed
Allgemeine Geschäftsbedingungen
Printable version
Allgemeine Geschäftsbedingungen
Die allgemeinen Geschäftsbedingungen (nachfolgend "AGB") regeln den Zugang und die Nutzung der von Twitter angebotenen
Wenn Du "Mein Konto erstellen" anklickst, bestätigist Du, dass Du den Allgemeinen Geschäftsbedingungen und den Datenschutzbestimmungen zustimmst.
Mein Konto erstellen

Melden Sie sich an

Für die Anmeldung brauchen Sie nur ein paar Minuten. Rufen Sie die **Twitter-Website** (http://twitter.com) auf, und klicken Sie auf den „Registrieren"-Button. Twitter zeigt sich in der Sprache, die im Browser als „bevorzugt" eingestellt ist. Sie können sich die Twitter-Website auch auf Deutsch anzeigen lassen. Wählen Sie dazu unten rechts unter „Language" „German – Deutsch". Wir gehen im Folgenden davon aus, dass Sie die deutsche Version benutzen.

Das erste Fenster sieht so aus wie hier gezeigt. Am wichtigsten sind die Namensfelder. Geben Sie im Feld „Vollständiger Name" Ihren echten Namen ein (oder den Ihrer Firma, wenn Sie beruflich twittern). Im Feld „Benutzername" geben Sie an, unter welchem Namen Sie bei Twitter gefunden werden wollen (wie z.B. als pmue13 oder OReilly_Verlag oder timoreilly). **Versuchen Sie, den Benutzernamen so kurz zu halten wie möglich.** Das wird wichtig, sobald Leute sich auf Sie beziehen oder Ihre Tweets weiterleiten wollen. Je weniger der 140 möglichen Zeichen Ihr Benutzername „auffrisst", desto besser.

Nachdem Sie die übrigen Felder ausgefüllt haben, klicken Sie auf „Mein Konto erstellen". Während der nun folgenden Schritte können Sie Ihre Freunde finden und sich Leute vorschlagen lassen, deren „Follower" Sie werden können. Was „Following" bedeutet, beschreiben wir weiter hinten in diesem Kapitel.

Auf der nächsten Seite finden Sie ein paar schlaue Tipps dazu, wie Sie Ihr Benutzerkonto für andere Benutzer ansprechender gestalten können.

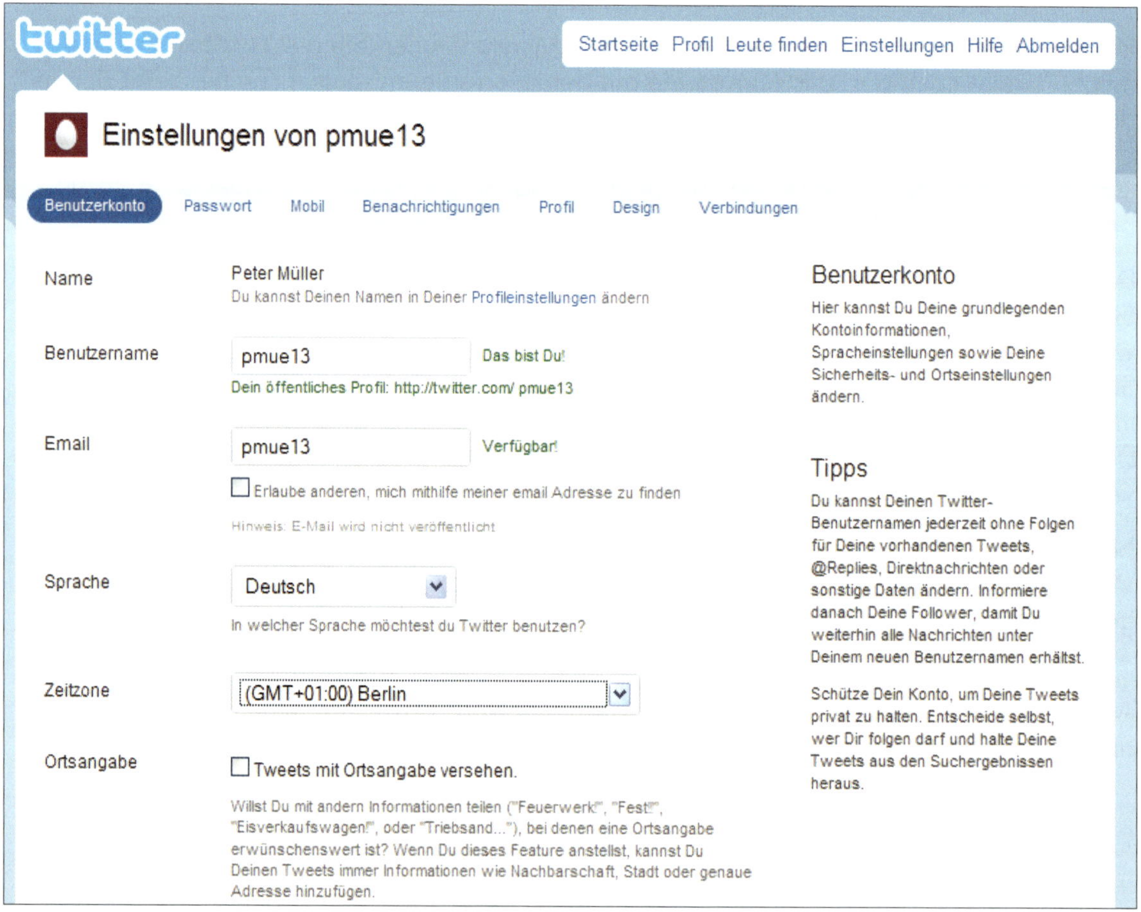
twitter
Startseite Profil Leute finden Einstellungen Hilfe Abmelden
Einstellungen von pmue13
Benutzerkonto Passwort Mobil Benachrichtigungen Profil Design Verbindungen
Name
Peter Müller
Du kannst Deinen Namen in Deiner Profileinstellungen ändern
Benutzername
pmue13
Das bist Du!
Dein öffentliches Profil: http://twitter.com/ pmue13
Email
pmue13
Verfügbar!
Erlaube anderen, mich mithilfe meiner email Adresse zu finden
Hinweis: E-Mail wird nicht veröffentlicht
Sprache
Deutsch
In welcher Sprache möchtest du Twitter benutzen?
Zeitzone
(GMT+01:00) Berlin
Ortsangabe
Tweets mit Ortsangabe versehen.
Willst Du mit andern Informationen teilen ("Feuerwerk!", "Fest!", "Eisverkaufswagen!", oder "Triebsand..."), bei denen eine Ortsangabe erwünschenswert ist? Wenn Du dieses Feature anstellst, kannst Du Deinen Tweets immer Informationen wie Nachbarschaft, Stadt oder genaue Adresse hinzufügen.
Benutzerkonto
Hier kannst Du Deine grundlegenden Kontoinformationen, Spracheinstellungen sowie Deine Sicherheits- und Ortseinstellungen ändern.
Tipps
Du kannst Deinen Twitter-Benutzernamen jederzeit ohne Folgen für Deine vorhandenen Tweets, @Replies, Direktnachrichten oder sonstige Daten ändern. Informiere danach Deine Follower, damit Du weiterhin alle Nachrichten unter Deinem neuen Benutzernamen erhältst.
Schütze Dein Konto, um Deine Tweets privat zu halten. Entscheide selbst, wer Dir folgen darf und halte Deine Tweets aus den Suchergebnissen heraus.

Ein ansprechendes Profil erstellen

Sobald Sie Ihr Twitter-Benutzerkonto erstellt haben, können andere Ihre Seite ansehen – und das werden sie auch tun, besonders wenn Sie ihnen folgen. **Bevor Sie anfangen, auf Twitter herumzustöbern, sollten Sie sich drei Minuten Zeit nehmen, um Ihr Profil anzupassen.** Durch einen Klick auf den „Einstellungen"-Link in der Dropdown-Liste unter Ihrem Benutzernamen oben rechts gelangen Sie zu den Einstellungen für Ihr Benutzerkonto.

Auf der links gezeigten Seite können Sie Ihre Zeitzone einstellen, und Sie haben dort die Möglichkeit, all Ihre Tweets mit einer Ortsangabe zu versehen, wenn Sie den entsprechenden Eintrag aktivieren.

Und jetzt wird's lustig: Unter den Einstellungen im Reiter „Profil" haben Sie im Feld „Bio" 160 Zeichen Platz, um Ihre Lebensgeschichte zu erzählen. Manche Twitterer tun das in Stichwörtern oder Sätzen wie David Pogue: „Tech columnist, NY Times; CNBC tech dude; Missing Manuals creator, dad of 3!" Andere erzählen eine kleine Geschichte wie der Autor Hans Dorsch: „Ich schreibe fürs Web und in Büchern. Ich mag #Apple, #mobile und #lifehacking."

Wollen Sie, dass Ihre Meldungen privat bleiben, klicken Sie auf „Meine Tweets schützen". (Die meisten Twitterer lehnen dies aber ab.) Um Ihre Änderungen zu sichern, klicken Sie auf „Speichern".

Ein letzter Schritt noch: Klicken Sie auf den „Profil"-Reiter. Dort haben Sie die Möglichkeit, für Ihr Profilbild ein Foto, eine Zeichnung oder ein Logo hochzuladen. Tun Sie das nicht, sind Sie am Standardsymbol leicht als Neuling zu erkennen oder werden für einen potenziellen Spammer gehalten.

Suchen
Startseite
Profil
Nachrichten
Wem folgen
OReilly_Verlag
@OReilly_Verlag
German subsidiary of O'R
Nathalie Pelz und das O'R
http://www.oreilly.de
Über @OReilly_Verlag
Über @OReilly_Verlag
2.819
Tweets
3.137
Following
4.089
Followers
423
Gelistet

Was ist „Following"?

Abgesehen von Benutzerkonten mit geschützten Nachrichten, sind Ihre Twitter-Meldungen ähnlich Blog-Postings standardmäßig öffentlich. Sie können die „Updates" anderer Leute abonnieren, was in Twitter als „Following" (folgen) bezeichnet wird. Links können Sie sehen, dass mehr als 4.000 Leute dem O'Reilly Verlag folgen.

Wenn Sie jemandem folgen, erhalten Sie bei jedem Update eine Nachricht. Das funktioniert auch umgekehrt: Wenn jemand Ihnen folgt, erhält er (oder sie) jeden Tweet, den Sie abschicken. Im Gegensatz zu vielen sozialen Netzwerken ist das „Following" bei Twitter *asymmetrisch*. **Sie müssen sich also nicht gegenseitig folgen, um die Meldungen einer anderen Person zu sehen.**

Dieses Modell hat zwei wichtige Auswirkungen:

1. Da Sie sich nicht gegenseitig beglaubigen müssen, ist es bei Twitter viel wahrscheinlicher, Leute zu finden, die Sie noch nicht kennen. Das macht die Seite für professionelles Netzwerken interessant.

2. Wenn Sie nicht interessant sind, werden Ihre Follower ihr „Abonnement" wieder aufheben oder Ihnen gar nicht erst folgen. Das bedeutet, dass Twitter „Interessantheit" belohnt. Verwenden Sie Ihre 140 Zeichen also möglichst klug.

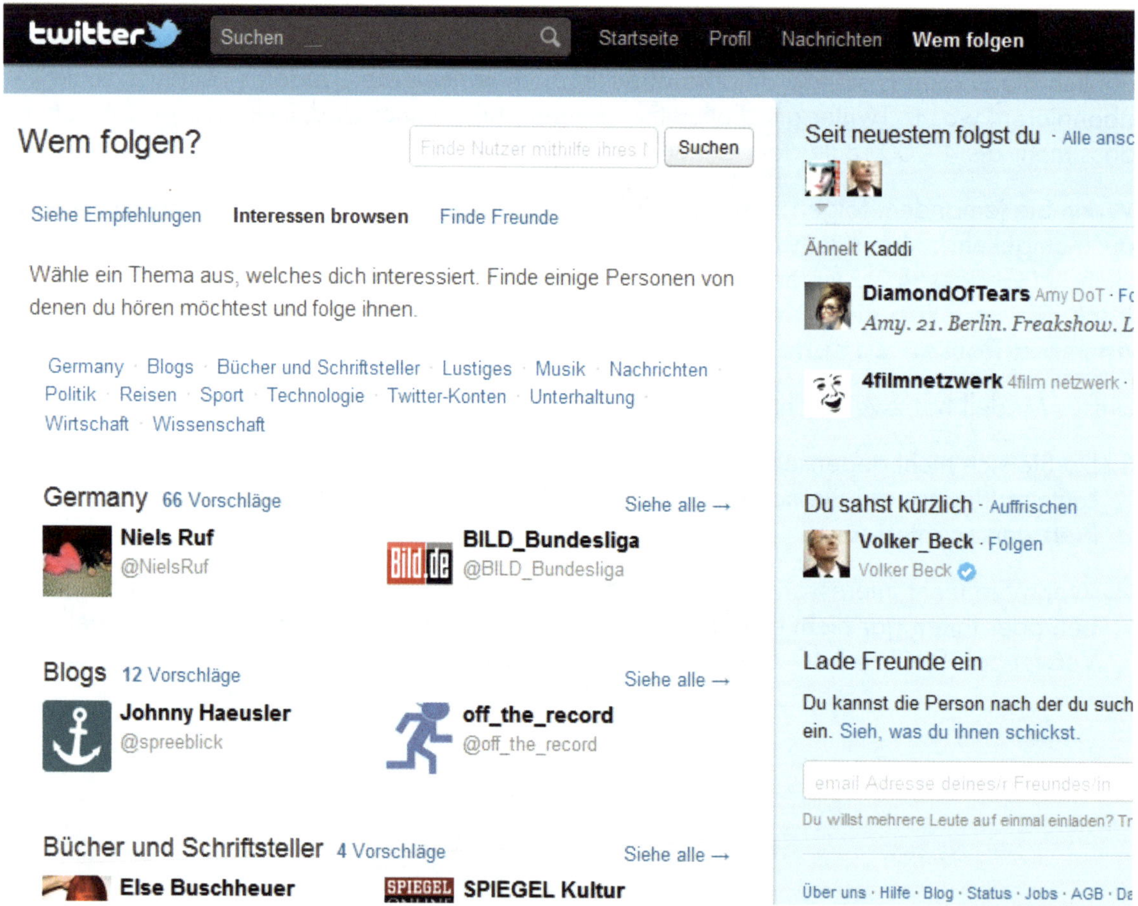

twitter
Suchen
Startseite
Profil
Nachrichten
Wem folgen
Wem folgen?
Suchen
Siehe Empfehlungen
Interessen browsen
Finde Freunde
Wähle ein Thema aus, welches dich interessiert. Finde einige Personen von denen du hören möchtest und folge ihnen.
Germany · Blogs · Bücher und Schriftsteller · Lustiges · Musik · Nachrichten · Politik · Reisen · Sport · Technologie · Twitter-Konten · Unterhaltung · Wirtschaft · Wissenschaft
Germany 66 Vorschläge
Siehe alle →
Niels Ruf
@NielsRuf
BILD_Bundesliga
@BILD_Bundesliga
Blogs 12 Vorschläge
Siehe alle →
Johnny Haeusler
@spreeblick
off_the_record
@off_the_record
Bücher und Schriftsteller 4 Vorschläge
Siehe alle →
Else Buschheuer
SPIEGEL Kultur
Seit neuestem folgst du
Ähnelt Kaddi
DiamondOfTears Amy DoT
Amy. 21. Berlin. Freakshow.
4filmnetzwerk 4film netzwerk
Du sahst kürzlich · Auffrischen
Volker_Beck · Folgen
Volker Beck
Lade Freunde ein
Du kannst die Person nach der du such
ein. Sieh, was du ihnen schickst.
Über uns · Hilfe · Blog · Status · Jobs · AGB

Finden Sie Bekannte auf Twitter

Twitter bietet verschiedene Werkzeuge, mit denen Sie **Leute finden können, von denen Sie wissen, dass diese bereits twittern.** Durch einen Klick auf den Link „Wem folgen“ gelangen Sie zu den hier gezeigten Untermenüs. Die nützlichsten Menüpunkte sind:

Das Suchfeld „Finde Nutzer mit Hilfe ihres Namens“: Hiermit können Sie nach Namen suchen.

„Finde Freunde“: Hiermit können Sie Namen aus Ihren Gmail-, Yahoo- und anderen Adressbüchern mit allen existierenden Twitter-Konten abgleichen. Diese Option ist besonders praktisch, weil viele Leute bei der Anmeldung ihre normale E-Mail-Adresse benutzen, aber eine Variation ihres Namens, auf die Sie vielleicht nicht gekommen sind.

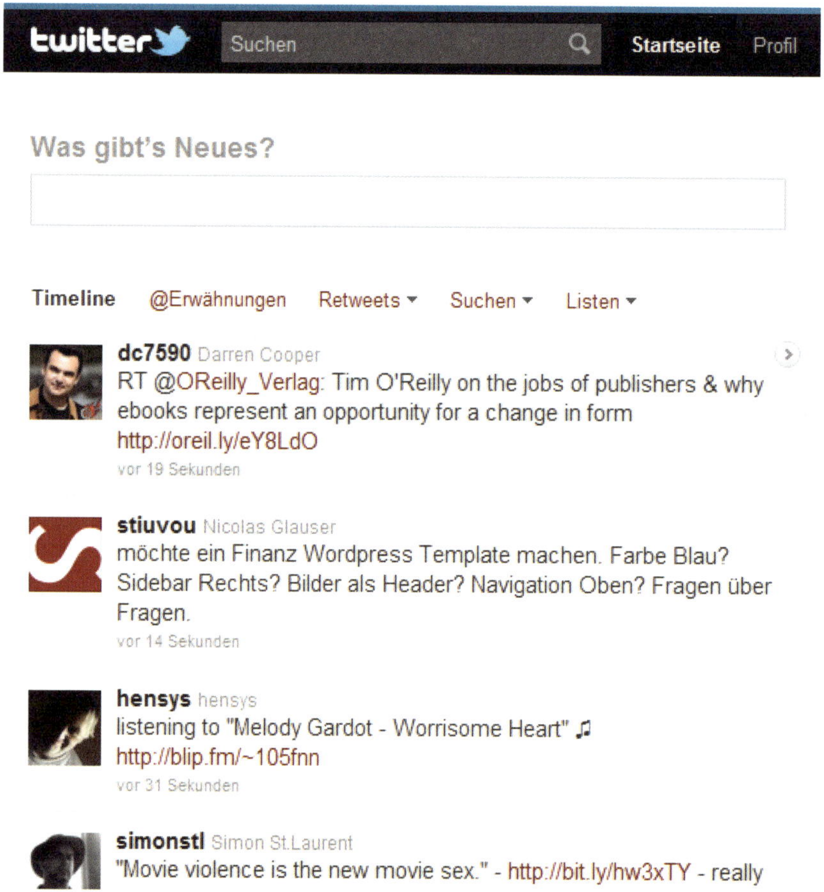
twitter
Suchen
Startseite
Profil
Was gibt's Neues?
Timeline
@Erwähnungen
Retweets
Suchen
Listen
dc7590 Darren Cooper
RT @OReilly_Verlag: Tim O'Reilly on the jobs of publishers & why ebooks represent an opportunity for a change in form http://oreil.ly/eY8LdO
vor 19 Sekunden
stiuvou Nicolas Glauser
möchte ein Finanz Wordpress Template machen. Farbe Blau? Sidebar Rechts? Bilder als Header? Navigation Oben? Fragen über Fragen.
vor 14 Sekunden
hensys hensys
listening to "Melody Gardot - Worrisome Heart" ♫ http://blip.fm/~105fnn
vor 31 Sekunden
simonstl Simon St.Laurent
"Movie violence is the new movie sex." - http://bit.ly/hw3xTY - really

Vorschläge für Twitterer, denen es sich zu folgen lohnt

Twitter ist er dann sinnvoll, wenn Sie interessante Leute finden, denen Sie folgen können. Wenn Sie Twitter durchstöbern **und sich fragen, was die Aufregung soll,** ist es vermutlich an der Zeit, sich ein paar interessante Twitterer vorschlagen zu lassen, denen Sie folgen sollten.

Klicken Sie auf „Wem folgen", und wählen Sie dann den Tab „Interessen browsen": Hier finden Sie Themen, die Sie interessieren. Twitter macht Ihnen passend dazu Vorschläge von Nutzern, denen es sich zu folgen lohnt. So können Sie sich schnell einige lesenswerte Nutzer zusammenstellen.

Wenn Sie ein paar Twitterern folgen, sieht Ihre Account-Seite aus wie hier: Sie enthält eingehende Meldungen („Tweets") derjenigen, denen Sie folgen.

In Kapitel 2 stellen wir Ihnen ein paar gute externe Werkzeuge vor, mit denen Sie ebenfalls interessante Twitterer finden können.

Twitter-Tipp

Neben manchen Accounts finden Sie ein kleines weißes Häkchen auf hellblauem Hintergrund. Häufig tritt dies bei Prominenten auf (z.B. bei @timoreilly). Dies ist das Zeichen dafür, dass Twitter diesen Account verifiziert hat („verified account") und tatsächlich Tim O'Reilly hinter diesem Account steckt.

Dieser hilfreiche Satz ist – inklusive der Satzzeichen – exakt so lang, dass sämtliche hundertvierzig erlaubten Zeichen auch benutzt werden.

Die 140-Zeichen-Grenze testen

140 Zeichen entsprechen in etwa der Schlagzeile in einer Zeitung. Um ein Gefühl dafür zu bekommen, geben Sie eine Nachricht in das Feld „Was gibt's Neues?" ein. Während der Eingabe zählt die Twitter-Website, wie viele Zeichen Ihnen noch bleiben (direkt unter dem Eingabefeld).

Wie Sie sehen, entsprechen **140 Zeichen ungefähr einem Satz, vielleicht auch zwei.** Vergessen Sie nicht, dass Leerzeichen auch mitgezählt werden.

Der Grund, warum Twitter nur 140 Zeichen erlaubt, ist, dass SMS-Texte eine Höchstlänge von 160 Zeichen haben. 20 Zeichen werden für den Benutzernamen reserviert, wodurch Ihnen glatte 140 Zeichen bleiben.

Twitter-Tipp

Keine Ahnung, worüber Sie twittern sollen? In der Einleitung und im übrigen Buch geben wir Ihnen Ideen und Beispiele für gute Themen. Oder lesen Sie einfach auf Twitter nach. Suchen Sie jemanden, dessen Nachrichten Sie mögen, imitieren Sie seinen Stil, und lassen Sie sich von seinen Themen inspirieren.

OReilly_Verlag OReilly_Verlag
"Karriere(n) in der IT" heute: Renée Bäcker, Perl-Evangelist+Dozent + die Möglichkeit des berufsbegleitenden Studierens http://bit.ly/gzCMyO
vor 1 Stunde

@doppelhorn
Happe

Wieder was gelernt: Kummerbund kommt v. indischen kamarband, nicht von Kummerspeck. http://bit.ly/ht1vLx

vor 1 Minute via Mozilla F1 ☆ Als Favorit markieren Retweet Antworten

@sternde
stern.de

Hirnforschung: Der Raum im Kopf: Wie kommt der Raum ins Gehirn? Dieser Frage gehen Forscher an der Uni Bremen... http://bit.ly/hbAMrj

vor 42 Minuten via stern.de ☆ Als Favorit markieren Retweet Antworten

Zu lange Nachrichten kürzen

Für den Fall, dass Ihre Nachrichten zu lang sind, **hier ein paar Tricks, um Texte zu kürzen** (auf URL-Verkürzungsdienste kommen wir später in diesem Kapitel zu sprechen):

1. Anstelle von „und" können Sie Pluszeichen (+) verwenden. Das Kaufmanns-Und (&) erzeugt zusätzliche versteckte Zeichen.
2. Lassen Sie Punkte und andere Interpunktionszeichen weg, besonders am Ende von Sätzen.
3. Verwenden Sie bekannte und auch weniger übliche Abkürzungen, solange die Bedeutung klar ist.
4. Verzichten Sie auf „ich" und vielleicht auf das Verb „sein".
5. Benutzen Sie Ziffern (1, 2, 3) anstelle von Zahlwörtern (eins, zwei, drei).
6. Oft können Sie die ersten Wörter eines Satzes kürzen.

Twitter-Tipp

Für das Kürzen englischer Tweets gibt es den Dienst **140it** (http://140it.com). Er verwendet übliche Abkürzungsregeln, um Tweets zurechtzustutzen, die sonst zu lang wären.

bit.ly
Shorten, share and track your links
http://community.oreilly.de/blog/2010/12/30/berufsbegleitendes-studie
Shorten
Sign In
bit.ly
Shorten, share and track your links
http://bit.ly/gzCMyO
Shorten
Sign In

Das Geheimnis der Links

Sobald Sie versuchen, einen Link in Twitter zu posten, merken Sie, dass **viele URLs leicht die 140-Zeichen-Grenze sprengen, besonders, wenn Sie in der Nachricht schon etwas gesagt haben.** Zum Glück gibt es mehrere URL-Verkürzungsdienste, mit denen Sie die Länge eines Links auf ca. 11 bis 30 Zeichen reduzieren können.

Wenn Sie von der Twitter-Website oder Ihrem Mobiltelefon einen Link posten, verwendet Twitter automatisch den Dienst Bit.ly, um den Link zu kürzen. Das ist praktisch. Einige Twitter-Clients (beschrieben in Kapitel 2) verwenden jedoch andere Dienste und bieten zusätzliche Optionen für die Verkürzung.

Bit.ly (http://bit.ly) ist einer unserer Lieblingsdienste. Mit ihm können Sie URLs verkürzen und zudem die Klicks nachverfolgen. **Is.gd** (http://is.gd) ist unser anderer Favorit, mit dem Sie zwar keine Klicks verfolgen können, der aber Ihre URL extrem kurz macht.

Tim O'Reilly
@timoreilly Sebastopol, CA
Founder and CEO, O'Reilly Media. Watching the alpha geeks, sharing their stories, helping the future unfold.
http://radar.oreilly.com

Über @timoreilly
12.895 Tweets
698 Following
1.438.927 Followers
15.548 Gelistet
Following 698

Sarah Milstein
@SarahM SF/NYC
Co-chair of Web2Expo + co-author of http://bit.ly/TheTwitterBook. Also: a fan of vegetables.
sarah.milstein@gmail.com
http://sarahmilstein.com

Über @SarahM
8.111 Tweets
294 Following
11.345 Followers
385 Gelistet
Following 294

Wie vielen Twitterern sollten Sie folgen?

Auf diese Frage gibt es verschiedene Antworten. Manche sagen, 50 sei optimal, andere meinen, 100 sei perfekt. Viele Twitterer folgen 150 bis 300 Personen. Eine große Zahl von Menschen ist der Meinung, man sollte allen folgen, die einem selbst auch folgen.

Bei dieser Auswahl **sollten Sie einfach die Anzahl wählen, mit der Sie sich am wohlsten fühlen.** Um das herauszufinden, versuchen Sie, ein paar Wochen lang 40 bis 100 Leuten zu folgen. Danach können Sie eine nähere Auswahl treffen oder den Kreis erweitern. (In Kapitel 3 reden wir über die ungeschriebenen Regeln für den Fall, dass Sie jemandem nicht mehr folgen wollen. Kurz gesagt: Nehmen Sie die Sache nicht zu ernst.)

Wenn Sie die eingehenden Nachrichten filtern oder sortieren wollen, um ein paar Follower genauer im Auge zu behalten, finden Sie in Kapitel 2 ein paar praktische Tipps.

Twitter-Tipp

Für Firmen gibt es eigene Regeln, die bestimmen, wem Sie folgen sollten. In Kapitel 6 stellen wir einige Überlegungen für Unternehmen an.

twitter
Suchen
Startseite
Profil
Nachrichten
Wem folgen
Was gibt's Neues?
Timeline
@Erwähnungen
Retweets
Suchen
Listen
Liste erstellen
Listen denen Du folgst
@miss_geschiggd/gadgetabend
@helenmonroe/oreilly
@timoreilly/oreilly
Listen auf denen Du stehst
1762 neue Tweets
ulmerverlag ulmerverlag
Wir sammeln die Fotos von der IPM auf Flic
dazu gekommen. Anschauen und komment
http://bit.ly/f5Ouht
vor 2 Stunden
Schlueri Schlueri von josh_k_phisher
Ägyptens Polizei bekommt Erlaubnis zu schießen http://bit.ly
/g5yYJQ #SpOn
vor 2 Stunden
Deine Tweets 2.817
vor 3 Stunden: HTML5 ist ir
sich dahinter? Welche Neu
Following 3.242
n 14
tentler J.P. Morgan:
Commerce Revenue
By 19 Percent In 2011
ändern
Go Inside SBXLV
Gesponsert
#jan25
#egypt

Mit Listen den Überblick behalten

Sobald Sie einer größeren Anzahl von Twitterern folgen, kann es hilfreich sein, diese in Listen zu organisieren. Gehen Sie einfach auf den Reiter „Listen". Dort können Sie unter „Listen erstellen" eine neue Liste anlegen. Vielleicht möchten Sie dort nur eine Liste für Leute aus Ihrem Büro anlegen? Oder von Twitterern, die Sie von einer Konferenz kennen? Oder von Twitterern, die über Arduino twittern?

Sie können auch die von anderen Twitterern erstellten Listen abonnieren. So haben Sie direkt Zugang zu einem Netzwerk!

Twitter-Tipp

Auf http://listorious.com können Sie nach ganzen Listen suchen. Sollten Sie also nach einer Liste von allen twitternden Autoren suchen, dann werden Sie dort garantiert fündig. Zudem werden Ihnen viele verschiedene Themengebiete vorgeschlagen.

@tagalus
Get and set definitions for #tags - A dictionary for (hash)tags
#followfriday
an interesting way for twitters to flag up some people they follow that you might like to follow too
Added by @jonhickman:
Authority: 10
Vote as accurate
an interesting way for twitters to flag up some people they follow that you might like to follow too
Added by @petemwah:
Authority: 3
Vote as accurate
A Twitter tradition, occurring on Fridays, whereby people can recommend interesting people to follow.
Twitter
@iamlibanqalbi RT @VanesaThon6720: help a girl out!! guys, let's get followers! #instantfollow #TeamFollowBack #ifollowback #500ADAY #IFollowAll #FollowFriday
Add as: comment or definition
@ngoirismurf RT @oatmeal How #FollowFriday is SUPPOSED to work - The Oatmeal http://bit.ly/g7es1J
Add as: comment or definition
@TheoDuesterback guys, let's get followers! #instantfollow #TeamFollowBack #ifollowback #500ADAY #IFollowAll #FollowFriday
Add as: comment or definition
@VanesaThon6720 help a girl out!! guys, let's get followers! #instantfollow #TeamFollowBack #ifollowback #500ADAY

Mitreden: Das Hashtag (#) unter der Lupe

Hashtags sind für Twitter-Neulinge besonders verwirrend. Gleichzeitig sind sie eine der nützlichsten Konventionen auf Twitter. Hinter Hashtags verbirgt sich eine ganz einfache Idee, mit der Sie sich kurz beschäftigen sollten.

Da es keine Möglichkeit gibt, zu sagen: „Diese Nachrichten haben das gleiche Thema", haben Twitter-Nutzer eine eigene Lösung entwickelt: Zum Markieren einer Nachricht verwenden sie ein Stichwort, dem sie das #-Zeichen voranstellen. (Von Programmierern wird das Doppelkreuz auch als „hashmark" bezeichnet, daher der Name.) Das Hashtag wird benutzt, um Nachrichten zu einem bestimmten Thema zu markieren und sie so gewissermaßen thematisch zu verschlagworten.

Hashtags haben mehrere Zwecke. Am häufigsten werden Ereignisse markiert, wie beispielsweise die Frankfurter Buchmesse 2010 (#fbm10). Oft gibt es auch Twitter-„Meme", wie das hier gezeigte (und in Kapitel 4 erklärte) #FollowFriday (das Tag #follow oder ganz kurz #ff ist eine Variation dazu). Das Tag #fb ist besonders interessant: Hiermit können Sie Nachrichten zu Facebook weiterleiten (siehe Kapitel 7). In Kapitel 3 finden Sie weitere Ideen zur Verwendung von Hashtags.

Um mit Hashtags kategorisierte Nachrichten zu finden, werfen Sie die **Twitter-Suche** an (http://search.twitter.com, beschrieben in Kapitel 2) und suchen nach dem gewünschten Stichwort. **Tagalus** (http://tagal.us) und **What the Trend** (http://whatthetrend.com, beschrieben in Kapitel 2) können helfen, die Bedeutung eines bestimmten Hashtags zu klären.

timoreilly Tim O'Reilly
I'm going off the grid till the new year. So no more tweets till 2011. Have a great holiday!
23 Dez

Twitter-Jargon: Tweet

Viele (vermutlich die meisten) der Twitter-Konventionen und -Fachbegriffe stammen **von den Benutzern und nicht von Twitter selbst.** Die Sprache rund um den Dienst ist keine Ausnahme, und das Wort „Tweet" ist ein perfektes Beispiel.

Der Begriff „Tweet" wurde von den Benutzern erfunden und bezeichnet eine einzelne Twitter-Nachricht. Er wird in englischsprachigen Länder gelegentlich auch als Verb benutzt („tweeting"). Bei uns hat sich eher das Wort „twittern" durchgesetzt. („Wir twittern live aus der Pizzeria Bianco, um uns die vier Stunden Wartezeit zu vertreiben.") Mittlerweile hört man aber auch häufiger „tweeten".

Übrigens: Twitter selbst hat den Begriff „Tweet" erst drei Jahre nach dem Start des Dienstes offiziell in sein Vokabular aufgenommen.

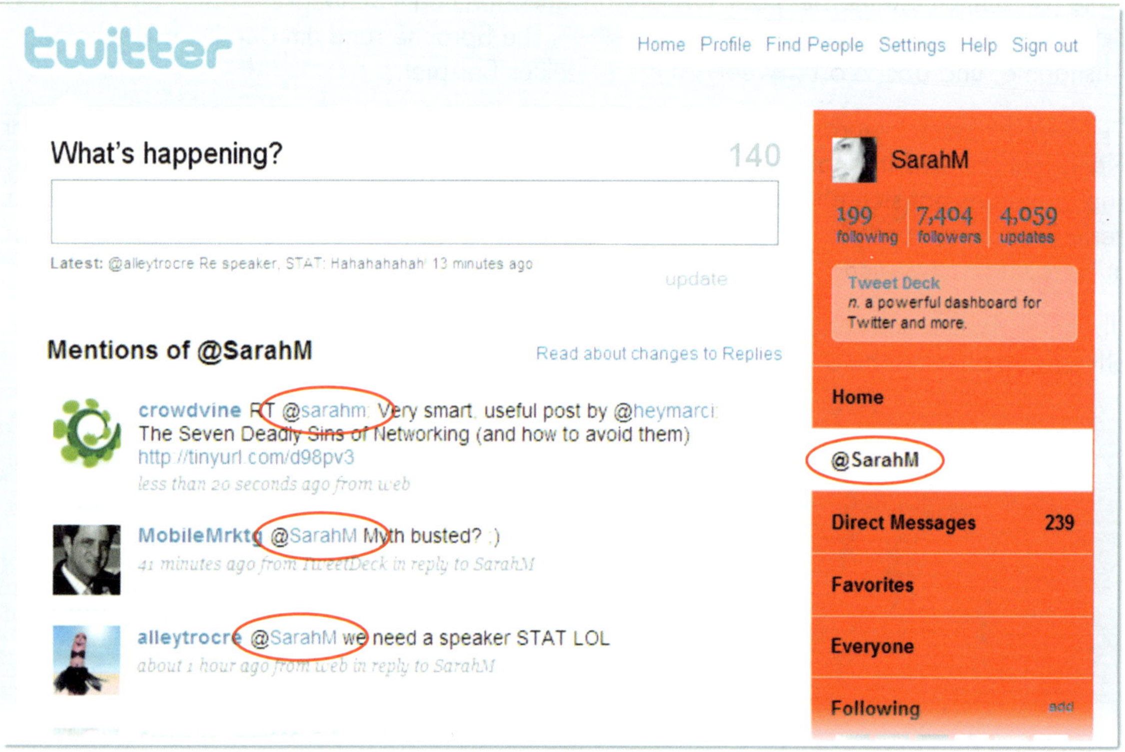
twitter
Home Profile Find People Settings Help Sign out
What's happening?
140
Latest: @alleytrocre Re speaker, STAT: Hahahahahah! 13 minutes ago
update
Mentions of @SarahM
Read about changes to Replies
crowdvine RT @sarahm: Very smart, useful post by @heymarci: The Seven Deadly Sins of Networking (and how to avoid them) http://tinyurl.com/d98pv3
less than 20 seconds ago from web
MobileMrktg @SarahM Myth busted? ;)
41 minutes ago from TweetDeck in reply to SarahM
alleytrocre @SarahM we need a speaker STAT LOL
about 1 hour ago from web in reply to SarahM
SarahM
199 following
7,404 followers
4,059 updates
Tweet Deck
n. a powerful dashboard for Twitter and more.
Home
@SarahM
Direct Messages 239
Favorites
Everyone
Following add

Twitter-Jargon: @Erwähnungen

Am Anfang gab es keine Möglichkeit, persönliche Nachrichten per Twitter zu verschicken. Das System wurde nur für Status-Aktualisierungen benutzt. Allerdings hatten **viele Twitterer das Bedürfnis, sich per Twitter zu unterhalten, und zwar öffentlich.** Also begannen einige von ihnen, den Namen von Benutzerkonten das @-Symbol voranzustellen. Hiermit konnten sie sich in einer öffentlichen Nachricht an eine bestimmte Person wenden.

Nach einer Weile übernahm Twitter die Regel und erweiterte sie sogar: Ein Account-Name, dem ein @-Zeichen vorangestellt ist, ist mit dem entsprechenden Benutzerkonto verlinkt. Daher werden sie als @Erwähnungen oder @replies bezeichnet. Sie spielen beim Netzwerken auf Twitter eine Schlüsselrolle und helfen, neue Leute zu finden.

Um die @Erwähnungen von Ihnen zu finden oder Tweets zu entdecken, die Sie erwähnen, gehen Sie zu Ihrer Twitter-Startseite und klicken unter dem Eingabefeld auf den Reiter „@Erwähnungen“.

Twitter-Tipp

In Kapitel 4 erklären wir, warum Sie Nachrichten nicht mit dem @-Symbol beginnen sollten, wenn jeder, der Ihnen folgt, die Meldung sehen soll.

@timoreilly
Tim O'Reilly

RT @ahier The ONIX standard for books is very similar to the metadata proposed for the language of the health Internet http://bit.ly/gwGU1r

18 Dez via Seesmic Desktop ☆ Als Favorit markieren Retweet Antworten

@DerAlbert
Albert Weinert

Und bald auch Köln RT @RolandWeigelt: 5 Jahre Bonn-to-Code.Net ! http://bit.ly/hgBQcj #wahnsinnwieschnelldiezeitvergeht

vor 1 Stunde via Echofon ☆ Als Favorit markieren Retweet Antworten

@ste7130
Steffen Siegrist

RT @helmi Das Logo für die olympischen Spiele in Rio 2016 wurde gestern vorgestellt: http://hel.me/h7reye #ilike #typo

vor 2 Minuten via TwitBird iPad ☆ Als Favorit markieren Retweet Antworten

Twitter-Jargon: Retweet

„Retweet" ist eines der seltsamsten Twitter-Wörter. Lassen Sie sich davon aber nicht täuschen. Es ist gleichzeitig **eines der wichtigsten.**

Als Retweet bezeichnet man das Weiterleiten eines coolen, interessanten oder hilfreichen Tweets einer anderen Person (die ebenfalls erwähnt werden sollte). Retweets (oder RTs) helfen, wichtige Nachrichten auf Twitter zu verbreiten. Sie zeugen auch von Achtung. Wenn Sie jemandes Meldung als Retweet weiterleiten, sagen Sie eigentlich: „Ich respektiere dich und deine Nachricht." Wie Sie in Kapitel 2 sehen werden, kann die häufige Weiterleitung der eigenen Twitter-Nachrichten per Retweet ein Zeichen von Einfluss sein.

Wenn Sie das @-Symbol benutzen, um sich auf jemanden bei Twitter zu beziehen (immer als Teil eines Retweets), erzeugen Sie automatisch einen Link auf dessen Account (wie auf der letzten Seite beschrieben wurde). Retweets sind daher Teil des Netzwerk-Systems in Twitter und funktionieren so ähnlich wie die Links, über die verschiedene Blogs verbunden sind.

In Kapitel 3 finden Sie eine Reihe von Tipps zur klaren und stilvollen Verwendung von Retweets.

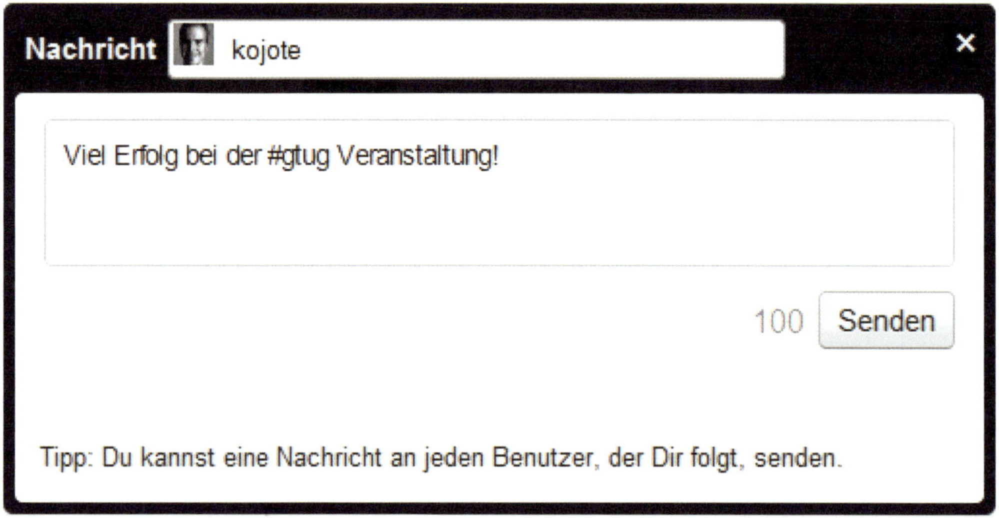
Nachricht
kojote
Viel Erfolg bei der #gtug Veranstaltung!
100
Senden
Tipp: Du kannst eine Nachricht an jeden Benutzer, der Dir folgt, senden.

Twitter-Jargon: Nachrichten (DM)

Obwohl Twitter-Meldungen standardmäßig öffentlich sind, **gibt es auch die Möglichkeit, private Nachrichten zu verschicken.** Private Nachrichten werden in Twitter „Nachrichten", „Direct Messages" oder kurz „DMs" genannt. Es gilt die übliche 140-Zeichen-Grenze. Um jemandem eine DM zu schicken, muss diese Person Ihnen folgen. Noch verwirrender: Wenn Sie jemandem folgen, der Ihnen nicht folgt, kann er trotzdem eine DM an Sie schicken.

Um eine DM von der Twitter-Website zu schicken, klicken Sie oben in der Leiste auf den Reiter „Nachrichten". Unter „Neue Nachricht" können Sie nun einen Empfänger angeben, den Nachrichtentext eingeben und die Nachricht versenden. Bei verschiedenen Twitter-Clients müssen Sie dem Namen des Empfängers ein kleines „d" und ein Leerzeichen voranstellen (das @-Zeichen wird hier nicht gebraucht). Auf den Namen folgt die eigentliche Nachricht.

Twitter-Tipp

Twitter kann Sie per E-Mail benachrichtigen, wenn Ihnen jemand eine DM geschickt hat (die Einstellung finden Sie unter Einstellungen → Benachrichtigungen). Das ist eine gute Sache, denn E-Mails sind recht zuverlässig, während die Auslieferung der DMs über andere Kanäle manchmal nicht klappt.

twitter
Home Public Timeline Help
Twitter is over capacity.
Too many tweets! Please wait a moment and try again.
© 2009 Twitter About Us Contact Blog Status API Help Jobs TOS Privacy

Twitter-Jargon: Fail Whale

Twitter ist schnell gewachsen. Als Konsequenz dieses Erfolgs verschluckt sich der Dienst gelegentlich. Wie oft? Immerhin so oft, dass es ein **eigenes Logo für Ausfallzeiten** gibt: den „Fail Whale" (etwa: „Ausfallwal").

Hier eine kaum bekannte Tatsache: Der Wal ist ein Design von Yiying Lu, die es auf iStockPhoto veröffentlichte, wo Twitter-Mitbegründer Biz Stone darüber stolperte. Inzwischen hat Lu ihr Bild von iStockPhoto wieder entfernt. Allerdings können Sie weitere Illustrationen auf ihrer Website unter http://yiyinglu.com finden.

O'REILLY radar

Sat
Nov 29
2008

Why I Love Twitter

listen

by Tim O'Reilly | comments: 95

If you care what I think, you know that Twitter is just about the best way to learn what I'm paying attention to. I pass along tidbits of O'Reilly news, interesting reading from mailing lists and blogs I follow, and of course, tidbits from the twitterers I'm following. These are all the things I could never find time to put on my blog, but that I spray via email like a firehose at editors, conference planners, and researchers within O'Reilly. A lot of my job is, as we say, "redistributing the future" - following interesting people, and passing on what I learn to others. And twitter is an awesome tool for doing just that.

Like a lot of people, I tried out Twitter early on, but didn't stick to it.

listeners, I thought I'd better oblige. (There are now close to 16,000.) I soon realized that Twitter has grown up to become a critical business tool, ideal for following the latest news, tracking the ideas and

Drei Wochen ausprobieren oder Geld zurück. Garantiert!

Manche Leute sagen, dass sie die Funktionsweise von Twitter selbst nach mehreren Versuchen nicht kapiert haben. Das ist verständlich, da sich der wahre Wert von Twitter erst offenbart, wenn Sie ein paar Benutzern für eine Weile gefolgt sind und sich auf ihren Rhythmus eingestellt haben.

Wenn Sie partout nicht verstehen, was der ganze Wirbel soll, versuchen Sie es mit dieser Taktik: Folgen Sie zumindest ein paar interessant erscheinenden Benutzern. Melden Sie sich drei Wochen lang täglich bei Twitter an (idealerweise mit einem der Programme, die wir in Kapitel 2 beschreiben). Lesen Sie neue Meldungen, und klicken Sie für fünf bis zehn Minuten herum. Werfen Sie alle paar Tage einen Blick auf die Trending Topics („heiße Themen", ebenfalls beschrieben in Kapitel 2). Verbringen Sie ca. 30 Minuten täglich mit der Suche nach interessanten Dingen (siehe auch Kapitel 2), um herauszufinden, was Sie von den Diskussionen auf Twitter lernen können.

Am Ende der drei Wochen haben Sie insgesamt 5 Stunden damit verbracht, eines der wichtigsten neuen Kommunikationswerkzeuge kennenzulernen, das wir seit der Erfindung der E-Mail gesehen haben. (Wenn Sie dann immer noch keinen Durchblick haben, dürfen Sie dieses Buch gern an einen Freund weitergeben.)

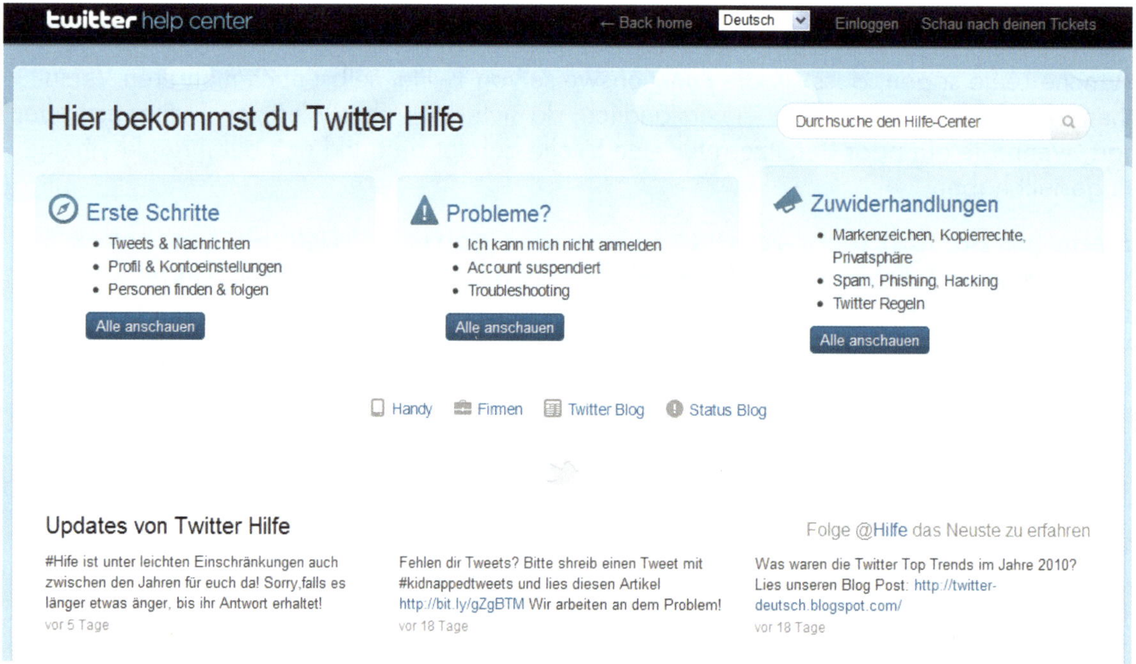
twitter help center
← Back home
Deutsch
Einloggen
Schau nach deinen Tickets
Hier bekommst du Twitter Hilfe
Durchsuche den Hilfe-Center
Erste Schritte
Tweets & Nachrichten
Profil & Kontoeinstellungen
Personen finden & folgen
Alle anschauen
Probleme?
Ich kann mich nicht anmelden
Account suspendiert
Troubleshooting
Alle anschauen
Zuwiderhandlungen
Markenzeichen, Kopierrechte, Privatsphäre
Spam, Phishing, Hacking
Twitter Regeln
Alle anschauen
Handy
Firmen
Twitter Blog
Status Blog
Updates von Twitter Hilfe
Folge @Hilfe das Neuste zu erfahren
#Hife ist unter leichten Einschränkungen auch zwischen den Jahren für euch da! Sorry,falls es länger etwas änger, bis ihr Antwort erhaltet!
vor 5 Tage
Fehlen dir Tweets? Bitte shreib einen Tweet mit #kidnappedtweets und lies diesen Artikel http://bit.ly/gZgBTM Wir arbeiten an dem Problem!
vor 18 Tage
Was waren die Twitter Top Trends im Jahre 2010? Lies unseren Blog Post: http://twitter-deutsch.blogspot.com/
vor 18 Tage

Hilfe zu Twitter finden

Twitter hat ein paar Dutzend Mitarbeiter, aber Millionen von Nutzern. Bei diesem Verhältnis ist die Unterstützung durch Twitter wirklich bemerkenswert. Hier sind die wichtigsten Wege, **um auf Twitter Hilfe zu bekommen:**

1. **Die Twitter-Hilfeseiten** (http://help.twitter.com) sind recht klar und verständlich. Sie enthalten gute Erklärungen, Beschreibungen bekannter Probleme, Tipps zur Fehlersuche und einen Ort, an dem Sie den Status einer Support-Anfrage überprüfen können.
2. Wenn Sie auf Spammer treffen, können Sie **eine Nachricht an @spam schicken.** In Kapitel 3 finden Sie die Details zu diesem Prozess.
3. Die Twitter-Foren bei Get Satisfaction. Hier diskutieren Leute die verschiedenen Aspekte von Twitter. Die Adresse lautet: http://getsatisfaction.com/twitter.

KAPITEL 2 | Mithören

Twitter verleiht Ihnen zwei Superhelden-Fähigkeiten: Gedanken zu lesen und die Möglichkeit, Mäuschen zu spielen und unbemerkt Gespräche anderer zu belauschen. Für diese bionischen Sinne brauchen Sie nur die richtigen Werkzeuge und etwas Fingerfertigkeit bei der Suche. In diesem Kapitel erhalten Sie eine Führung zum Thema „Mithören auf Twitter" – das Wer, Was, Wo, Warum und Wie.

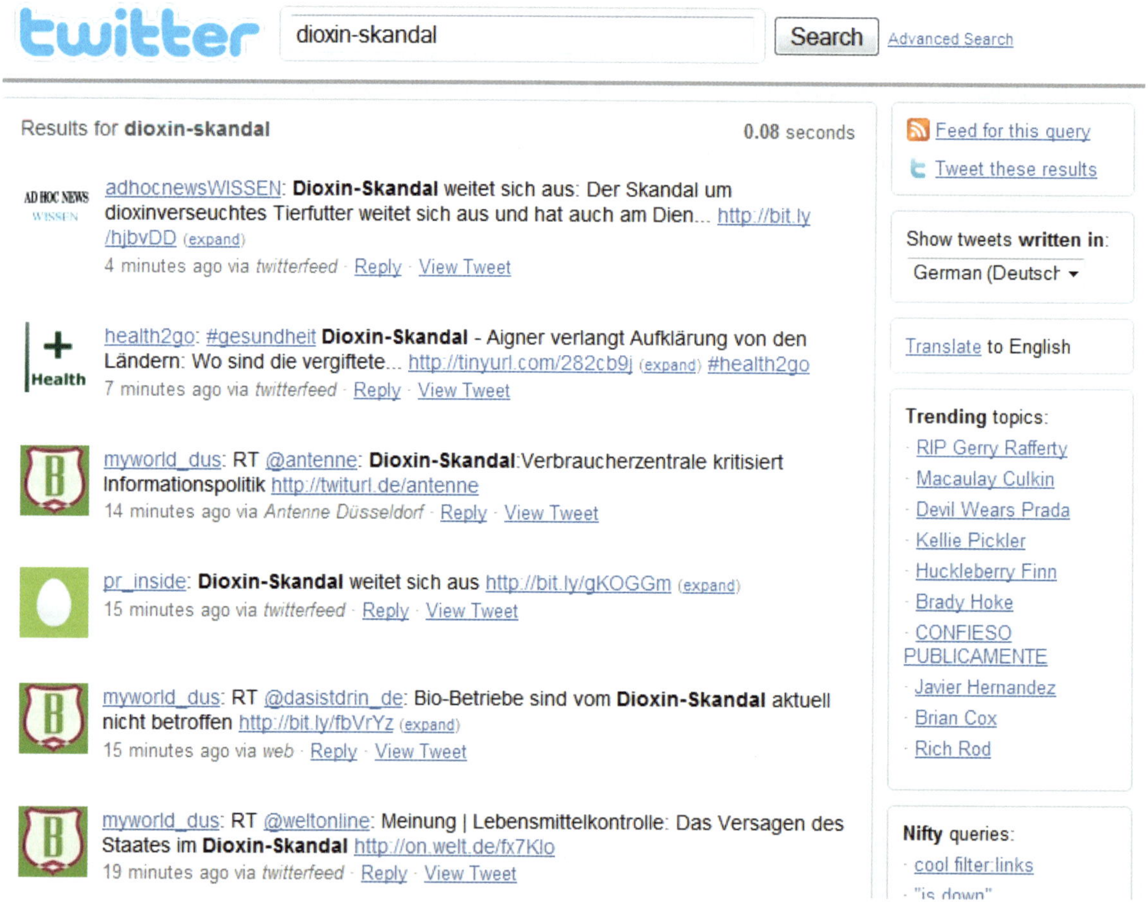
twitter
dioxin-skandal
Search
Advanced Search
Results for dioxin-skandal
0.08 seconds
adhocnewsWISSEN: Dioxin-Skandal weitet sich aus: Der Skandal um dioxinverseuchtes Tierfutter weitet sich aus und hat auch am Dien... http://bit.ly/hjbvDD (expand)
4 minutes ago via twitterfeed · Reply · View Tweet
health2go: #gesundheit Dioxin-Skandal - Aigner verlangt Aufklärung von den Ländern: Wo sind die vergiftete... http://tinyurl.com/282cb9j (expand) #health2go
7 minutes ago via twitterfeed · Reply · View Tweet
myworld_dus: RT @antenne: Dioxin-Skandal:Verbraucherzentrale kritisiert Informationspolitik http://twiturl.de/antenne
14 minutes ago via Antenne Düsseldorf · Reply · View Tweet
pr_inside: Dioxin-Skandal weitet sich aus http://bit.ly/gKOGGm (expand)
15 minutes ago via twitterfeed · Reply · View Tweet
myworld_dus: RT @dasistdrin_de: Bio-Betriebe sind vom Dioxin-Skandal aktuell nicht betroffen http://bit.ly/fbVrYz (expand)
15 minutes ago via web · Reply · View Tweet
myworld_dus: RT @weltonline: Meinung | Lebensmittelkontrolle: Das Versagen des Staates im Dioxin-Skandal http://on.welt.de/fx7Klo
19 minutes ago via twitterfeed · Reply · View Tweet
Feed for this query
Tweet these results
Show tweets written in:
German (Deutsch
Translate to English
Trending topics:
RIP Gerry Rafferty
Macaulay Culkin
Devil Wears Prada
Kellie Pickler
Huckleberry Finn
Brady Hoke
CONFIESO PUBLICAMENTE
Javier Hernandez
Brian Cox
Rich Rod
Nifty queries:
cool filter:links

Die Twitter-Suche benutzen

Da Leute über die Dinge twittern, die sie gerade tun, die ihnen gerade begegnen, die sie lesen und denken, wurde die Website auch als „fühlende Maschine" bezeichnet. Tatsächlich ist Twitter **eine wahre Goldgrube für Ideen, Gefühle und Gespräche.**

Um Mäuschen zu spielen, gehen Sie zum Suchbereich von Twitter, den Sie auf der Seite **http://search.twitter.com** finden. Wenn Sie eingeloggt sind, können Sie Ihre Suchanfrage auch direkt in das „Suchen"-Feld oben auf der Seite eingeben.

Hier sehen Sie, dass eine Suche nach „Dioxin-Skandal" viele Tweets mit Links auf die aktuelle Berichterstattung zum Thema bringt. Während die Leute Updates schreiben, werden ihre Nachrichten **in Echtzeit** zu den Suchergebnissen hinzugefügt. Twitter informiert Sie über neue Ergebnisse, indem es eine kleine Meldung und einen „Refresh"-Link („Neu-laden"-Link) oberhalb der Suchergebnisse anzeigt.

Twitter-Tipp

Mit ein paar Tricks können Sie die Twitter-Suche noch effizienter machen. Um nach einer Wortfolge zu suchen, umgeben Sie sie mit Anführungszeichen. Um einen Begriff auszuschließen, stellen Sie ihm ein Minuszeichen (-) voran. Wollen Sie nach alternativen Begriffen suchen (rot *oder* grün), schreiben Sie zwischen die Begriffe das Wort „or".

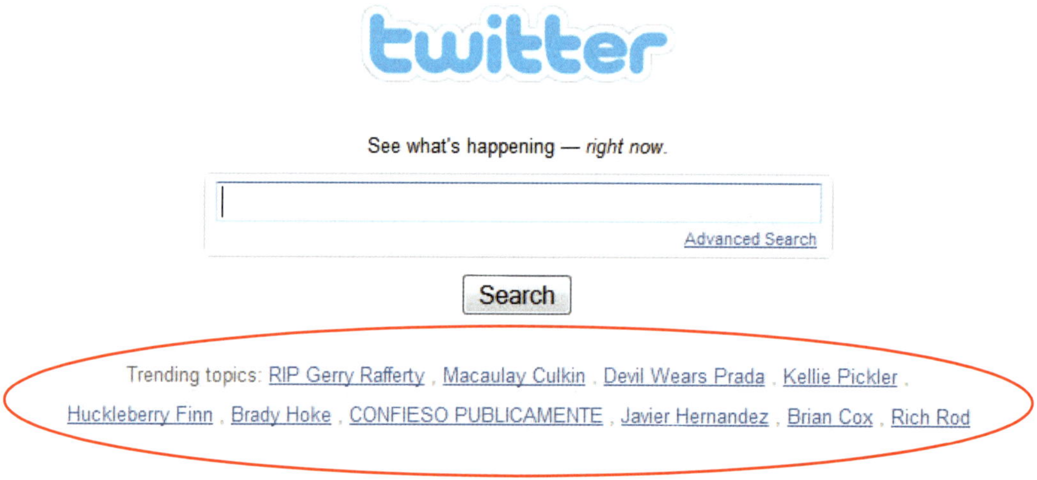
twitter
See what's happening — right now.
Advanced Search
Search
Trending topics: RIP Gerry Rafferty , Macaulay Culkin , Devil Wears Prada , Kellie Pickler ,
Huckleberry Finn , Brady Hoke , CONFIESO PUBLICAMENTE , Javier Hernandez , Brian Cox , Rich Rod

Behalten Sie die „heißen Themen“ im Blick

Um Ihnen das Zuhören zu erleichtern, besitzt Twitter ein Merkmal namens „Trends“ (bzw. „Trending Topics“, wenn Sie die englische Oberfläche von Twitter nutzen). Hier werden die **zehn beliebtesten Wörter oder Suchbegriffe angezeigt, zu denen gerade getwittert wird.**

Da Twitter diese Liste regelmäßig aktualisiert, spiegeln die Trends die Dinge wider, die die Twitter-Gemeinde gerade am meisten interessieren. Oftmals finden Sie hier Eilmeldungen, bevor die großen Medien darüber berichten (die Flutkatastrophe in Australien im Januar 2011 und eine Reihe von Erdbeben waren fast in Echtzeit in den Trending Topics zu finden). Daneben finden Sie hier Themen, von denen die Leute einfach nicht genug bekommen, wie beispielsweise Artikel über den Teenager-Schwarm Justin Bieber.

Wenn Sie eingeloggt sind, können Sie die Trends auch für einzelne Länder und sogar Städte ansehen. Links sehen Sie, dass die Twitterer sich im Moment über den Tod des schottischen Musikers Gerry Rafferty, die geplante Überarbeitung der „Abenteuer des Huckleberry Finn“ und andere Themen unterhalten. (In den Kapiteln 1 und 3 sprechen wir über Hashtags, d.h. Begriffe, denen das #-Zeichen vorangestellt wurde, die oft in den Trends zu finden sind.)

Auf den Ergebnisseiten der Twitter-Suche finden Sie die Trending Topics auf der rechten Bildschirmseite.

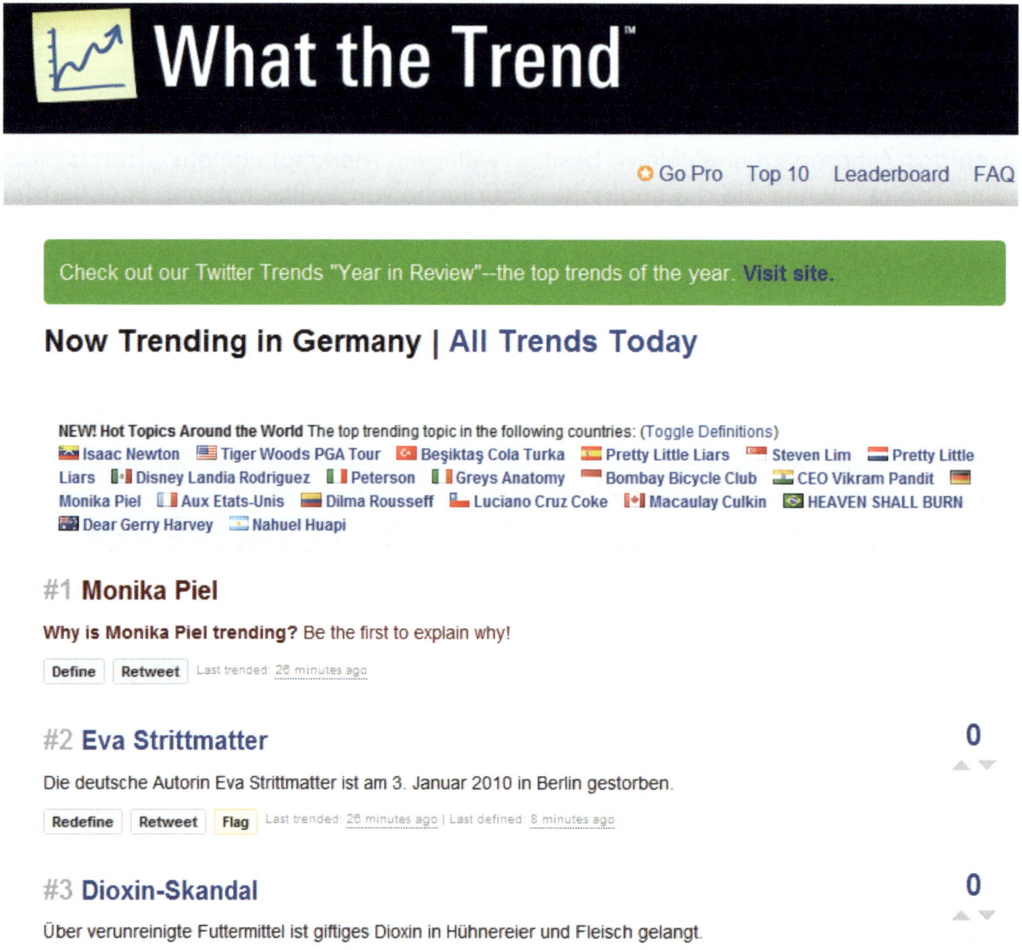
What the Trend™
Go Pro
Top 10
Leaderboard
FAQ
Check out our Twitter Trends "Year in Review"--the top trends of the year. Visit site.
Now Trending in Germany | All Trends Today
NEW! Hot Topics Around the World The top trending topic in the following countries: (Toggle Definitions)
Isaac Newton Tiger Woods PGA Tour Beşiktaş Cola Turka Pretty Little Liars Steven Lim Pretty Little Liars Disney Landia Rodriguez Peterson Greys Anatomy Bombay Bicycle Club CEO Vikram Pandit Monika Piel Aux Etats-Unis Dilma Rousseff Luciano Cruz Coke Macaulay Culkin HEAVEN SHALL BURN Dear Gerry Harvey Nahuel Huapi
#1 Monika Piel
Why is Monika Piel trending? Be the first to explain why!
Define
Retweet
Last trended: 26 minutes ago
#2 Eva Strittmatter
0
Die deutsche Autorin Eva Strittmatter ist am 3. Januar 2010 in Berlin gestorben.
Redefine
Retweet
Flag
Last trended: 26 minutes ago | Last defined: 8 minutes ago
#3 Dioxin-Skandal
0
Über verunreinigte Futtermittel ist giftiges Dioxin in Hühnereier und Fleisch gelangt.

Trends aufspüren: Werkzeug Nr. 1

Die Trending Topics sind nur dann sinnvoll, wenn Sie auch wissen, worum es eigentlich geht. **Wie steht es aber um die kryptischen oder fremdsprachlichen Begriffe?**

Hier kommt **What the Trend** (http://whatthetrend.com) ins Spiel, das heiße Themen zusammen mit einer besser verständlichen Kurzbeschreibung auflistet, und zwar auch gefiltert nach einzelnen Ländern. Sie können sich beispielsweise die deutschen Twitter-Trends anzeigen lassen und – falls noch keine Beschreibung existiert – anderen erklären, worum es geht. Es ist auch möglich, vorhandene Begriffserklärungen zu bearbeiten.

Twitter-Tipp

Wenn Sie für ein Thema verantwortlich sind, dessen Hashtag es in die Trending Topics schafft, sollten Sie sich etwas Zeit nehmen, um sicherzustellen, dass in **What the Trend** die korrekte Beschreibung zu finden ist.

twitter
Hast Du bereits ein Konto? Einloggen
Kurze, aktuelle Nachrichten von Deutsche Trends erhalten.
Auf Twitter erhältst Du Nachrichten in Echtzeit. Es ist ganz einfach, Dich auf dem Laufenden zu halten. Jetzt anmelden und @trends_de folgen.
Registrieren ›
Erhalte Updates per SMS. Sende eine SMS mit follow trends_de an Deinem entsprechenden Code.
Codes für andere Länder
trends_de
Deutsche http://www.twitter-trends.de #facebook #schweinegrippe #followerpower #s21 #rtl #piraten #hach #2011 #gzsz #sbahn
vor ungefähr 9 Stunden via Deutsche Hashtags
Deutsche http://www.twitter-trends.de #2011 #facebook #fdp #apple #s21 #jobs #sbahn #bahn #wecker #urlaub #wirtschaft
vor ungefähr 18 Stunden via Deutsche Hashtags
Deutsche http://www.twitter-trends.de #tatort #rtl #2011 #followerpower #bahn #twoeln #s21 #fdp #ebay #bsf #neuwied #ff
1:15 PM Jan 2nd via Deutsche Hashtags
Name Deutsche Trends
Ort Köln
Web http://www.twitte...
Biografie Welche Themen sind im deutschsprachigen Raum beliebt? [German, Mashup, DSDS, GNTM, Tatort, iPhone, Hamburg, Berlin]
17,752 Following
21,316 Follower
641 gelistet
Updates 1,713
Favoriten
following

Trends aufspüren: Werkzeug Nr. 2

Die Liste der **Trending Topics der Twitter-Suche gibt Einblick in die kollektive Intelligenz.** Sie können die Liste aber nicht 24 Stunden am Tag anstarren, um bloß kein wichtiges Ereignis zu verpassen. Auf den folgenden Seiten zeigen wir Ihnen drei Werkzeuge, mit denen Sie den Überblick über die aktuellen Themen behalten.

Eine einfache Methode besteht darin, **Deutsche Trends** (@trends_de) zu folgen. Sobald ein neues Thema in die Liste aufgenommen wird, wird auf diesem Benutzerkonto ein Update veröffentlicht.

Für Trends anderer Länder empfiehlt sich auch die Seite **Trendsmap.com**. Die Trending Topics sind hier auf einer Weltkarte grafisch aufbereitet und werden in Echtzeit aktualisiert.

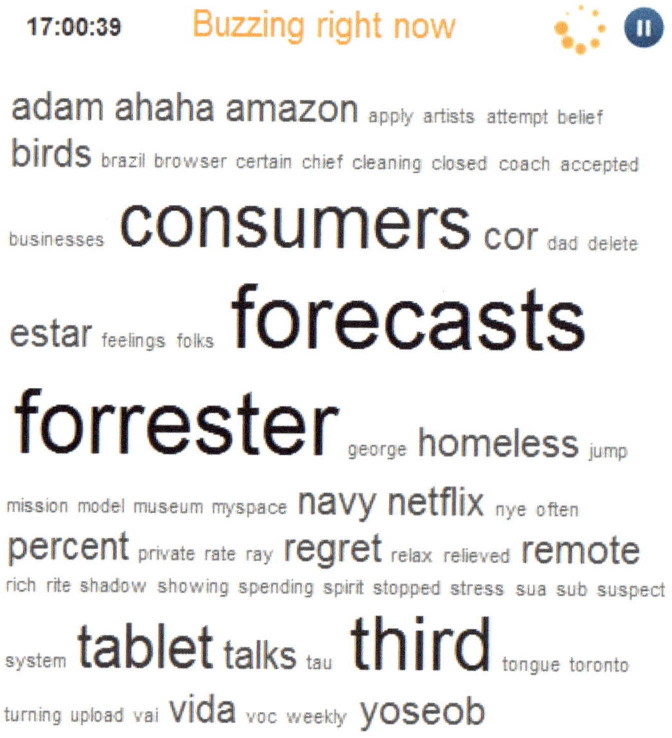
17:00:39
Buzzing right now
adam ahaha amazon apply artists attempt belief
birds brazil browser certain chief cleaning closed coach accepted
businesses consumers cor dad delete
estar feelings folks forecasts
forrester george homeless jump
mission model museum myspace navy netflix nye often
percent private rate ray regret relax relieved remote
rich rite shadow showing spending spirit stopped stress sua sub suspect
system tablet talks tau third tongue toronto
turning upload vai vida voc weekly yoseob

Trends aufspüren: Werkzeug Nr. 3

Twitscoop (http://twitscoop.com) zeigt in einer „Wortwolke" (Tag Cloud) die Begriffe, die momentan auf Twitter besonders beliebt sind. Je größer das Wort dargestellt wird, desto öfter wird es erwähnt. **Das ist praktisch, um Themen zu entdecken, bevor sie in der offiziellen Liste der Trends auftauchen.**

Unter dem Punkt „Search" kann man sich außerdem noch anzeigen lassen, **welche Themen gerade an Beliebtheit gewinnen.** In der rechten Bildhälfte gibt es dazu die Cloud „Buzzing right now", deren Begriffe in Echtzeit wachsen oder schrumpfen.

Ausschließlich deutsche Twitter-Themen werten Thomas Pfeifer (@codeispoetry) von **Webevangelisten.de** (http://labor.webevangelisten.de/twitterthemen/) und **Dwitter** (http://dwitter.com/) aus.

Twitter-Tipp

Um die aktuellen Tweets zu einem bestimmten Suchbegriff zu finden, klicken Sie auf der Twitscoop-Seite auf „Search". Es öffnet sich auf der linken Seite ein Suchfeld. Bei populären Begriffen kann zusätzlich ein Diagramm über die Häufigkeit während der letzten Tage angezeigt werden.

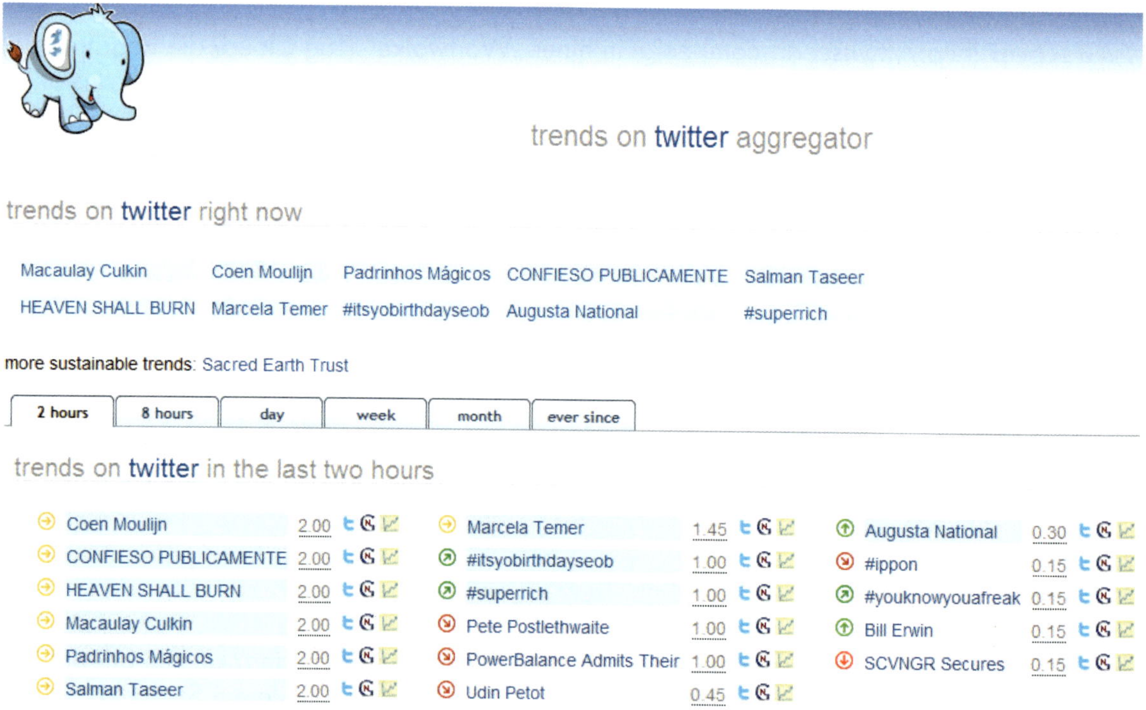
trends on twitter aggregator
trends on twitter right now
Macaulay Culkin
Coen Moulijn
Padrinhos Mágicos
CONFIESO PUBLICAMENTE
Salman Taseer
HEAVEN SHALL BURN
Marcela Temer
#itsyobirthdayseob
Augusta National
#superrich
more sustainable trends: Sacred Earth Trust
2 hours
8 hours
day
week
month
ever since
trends on twitter in the last two hours
Coen Moulijn 2.00
CONFIESO PUBLICAMENTE 2.00
HEAVEN SHALL BURN 2.00
Macaulay Culkin 2.00
Padrinhos Mágicos 2.00
Salman Taseer 2.00
Marcela Temer 1.45
#itsyobirthdayseob 1.00
#superrich 1.00
Pete Postlethwaite 1.00
PowerBalance Admits Their 1.00
Udin Petot 0.45
Augusta National 0.30
#ippon 0.15
#youknowyouafreak 0.15
Bill Erwin 0.15
SCVNGR Secures 0.15

Trends aufspüren: Werkzeug Nr. 4

Twopular (http://twopular.com) zeigt die Trending Topics der letzten zwei Stunden, acht Stunden, des letzten Tages, Monats und „ever since“ (d.h., seitdem Twopular im Dezember 2008 seinen Betrieb aufgenommen hat).

Twopular ist nicht nur praktisch, weil Sie die **zeitliche Entwicklung mitverfolgen können,** sondern auch wegen der kleinen Symbole, die anzeigen, ob ein Begriff in der Beliebtheit gerade steigt oder fällt.

Twitter-Tipp

Neben jedem Eintrag in der Twopular-Liste werden drei Symbole angezeigt: eines für die Twitter-Suche, für Google News und für What The Trend. Klicken Sie auf eines der Symbole, um weitere Informationen zum betreffenden Thema zu finden.

twitter
dioxin near:Köln within:100km filter:links
Search
Advanced Search
Results for dioxin near:Köln within:100km filter:links
0.33 seconds
antenne: Dioxin-Skandal:Verbraucherzentrale kritisiert Informationspolitik http://twiturl.de/antenne
düsseldorf, germany
11 minutes ago via Antenne Düsseldorf · Reply · View Tweet
grillenverboten: Die Seite http://www.umwelt.nrw.de ist natürlich unter der Last der Verbraucher die nach ihren Dioxin-Eiern suchen zusammengebrochen.
Düsseldorf
11 minutes ago via Tweetie for Mac · Reply · View Tweet
NG_Zeitungen: Zeit Wissen // Dioxin-Fund: Experten geben Entwarnung für Verbraucher http://bit.ly/fWvVH4 (expand)
Düsseldorf
22 minutes ago via twitterfeed · Reply · View Tweet
Fr_Zentraltanne: RT @freie_meinung: Dioxin-Skandal - So erkennen Sie die Gift-Eier: Der Dioxin-Skandal sorgt für Unsicherheit in Deutsch... http://bit.ly/fXurc6 (expand) #news #fmjh
Germany, 53721 Siegburg
23 minutes ago via twitterfeed · Reply · View Tweet
Feed for this query
Tweet these results
Show tweets near:
Münster
Nijmegen
Eindhoven
Essen
Düsseldorf
Siegen
Maastricht
Bonn
Liège
Koblenz
Wiesbaden
Within: 100 kms
Show tweets written in:
German (Deutsch
Translate to English
Trending topics:
Macaulay Culkin

Die erweiterte Suche nutzen

Die erweiterte Suchfunktion ist eines der besten – und am seltensten genutzten – Features von Twitter. Sie finden sie, indem Sie http://search.twitter.com aufrufen und auf „Advanced Search" klicken.

Danach sehen Sie ein etwas alltäglich wirkendes Formular. Lassen Sie sich nicht täuschen! Es gibt viele spezielle Optionen, die eine Twitter-Suche äußerst mächtig machen.

Auch wenn die Felder eher schlicht wirken, sollten Sie folgende Bereiche nicht ignorieren: **1) People** (Leute), **2) Places** (Orte), **3) Attitudes** (Einstellungen, inklusive der sehr praktischen Option „Asking a question?" – „Stellt eine Frage") und **4) Containing links** (enthaltene Links). Die gezeigten Ergebnisse stammen von Twitterern aus der Kölner Region, die Links zum Dioxin-Skandal veröffentlichen.

Twitter-Tipp

Die Suche nach einem Datum („Dates") reicht nur drei Monate zurück. Um an ältere Tweets zu kommen, versuchen Sie es mit einer Google-Suche nach „site:twitter.com" oder „site:twitter.com/BeliebigesBenutzerkonto" und Ihrem Suchbegriff (inklusive der Anführungszeichen).

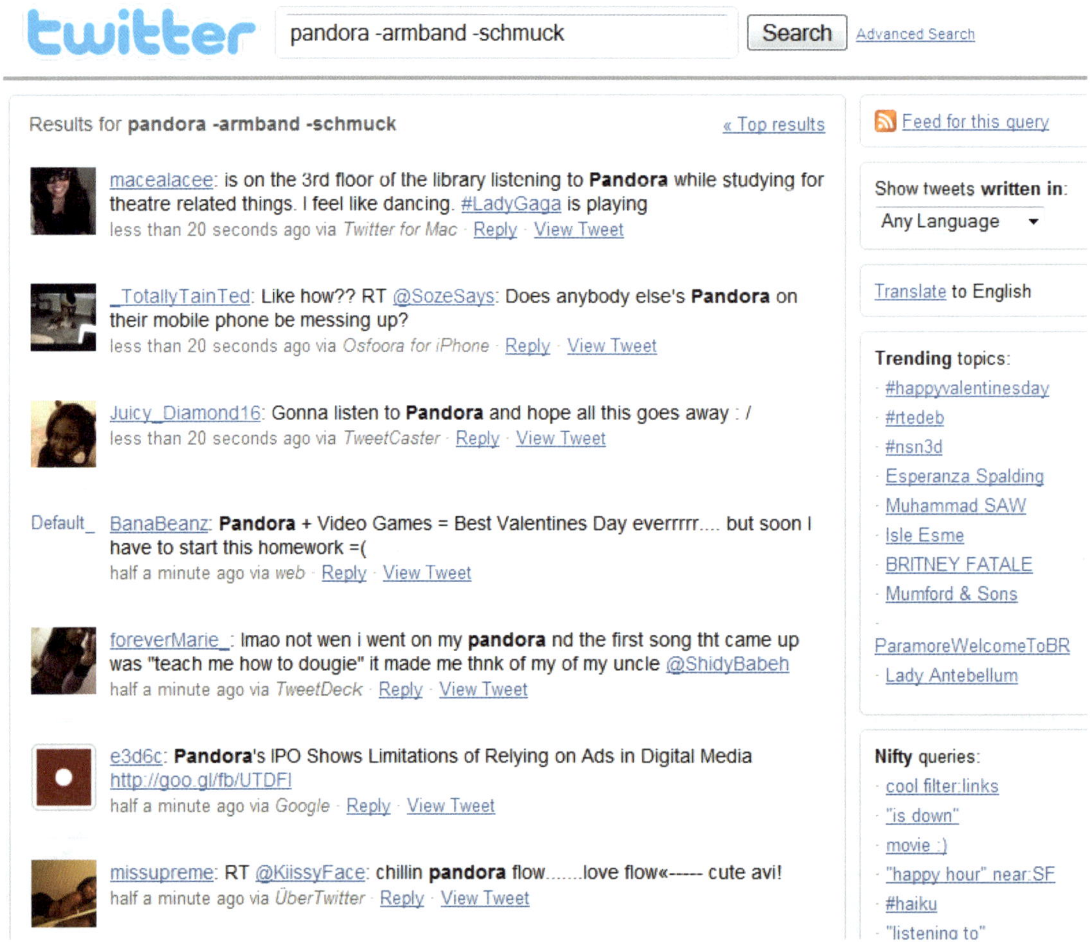
pandora -armband -schmuck
Search
Advanced Search
Results for pandora -armband -schmuck
« Top results
macealacee: is on the 3rd floor of the library listening to Pandora while studying for theatre related things. I feel like dancing. #LadyGaga is playing
less than 20 seconds ago via Twitter for Mac · Reply · View Tweet
_TotallyTainTed: Like how?? RT @SozeSays: Does anybody else's Pandora on their mobile phone be messing up?
less than 20 seconds ago via Osfoora for iPhone · Reply · View Tweet
Juicy_Diamond16: Gonna listen to Pandora and hope all this goes away : /
less than 20 seconds ago via TweetCaster · Reply · View Tweet
Default_
BanaBeanz: Pandora + Video Games = Best Valentines Day everrrrr.... but soon I have to start this homework =(
half a minute ago via web · Reply · View Tweet
foreverMarie_: lmao not wen i went on my pandora nd the first song tht came up was "teach me how to dougie" it made me thnk of my of my uncle @ShidyBabeh
half a minute ago via TweetDeck · Reply · View Tweet
e3d6c: Pandora's IPO Shows Limitations of Relying on Ads in Digital Media http://goo.gl/fb/UTDFI
half a minute ago via Google · Reply · View Tweet
missupreme: RT @KiissyFace: chillin pandora flow.......love flow«----- cute avi!
half a minute ago via ÜberTwitter · Reply · View Tweet
Feed for this query
Show tweets written in:
Any Language
Translate to English
Trending topics:
#happyvalentinesday
#rtedeb
#nsn3d
Esperanza Spalding
Muhammad SAW
Isle Esme
BRITNEY FATALE
Mumford & Sons
ParamoreWelcomeToBR
Lady Antebellum
Nifty queries:
cool filter:links
"is down"
movie :)
"happy hour" near:SF
#haiku
"listening to"

Vier wichtige Suchthemen

Wenn Sie wirklich nützliche Suchergebnisse von Twitter erhalten wollen, müssen Sie sich etwas Zeit nehmen, um anhand der erweiterten Suchoptionen herauszufinden, über welche wichtigen Themen und Begriffe sich andere unterhalten. Hier sind für den Anfang vier Themen:

Ihr Name. Auch als „Ego-Suche" bekannt. Jenseits aller Eitelkeiten ist es eine gute Idee, ein Auge darauf zu behalten, was andere über Sie sagen. (Vergessen Sie nicht, dass Anführungszeichen um Ihren Namen bessere Ergebnisse bringen. Suchen Sie nach *„Kurt Meier"* statt nach *Kurt Meier*.)

Ihr Twitter-Benutzername. Verpassen Sie keine Nachrichten an oder über Sie.

Ihre Firma, Ihre Marke, Ihr Produkt. Werfen Sie einen Blick in die Hirne Ihrer Kunden, Mitbewerber, Journalisten und anderer Leute, die eine Schlüsselrolle spielen. Ist Ihr Geschäftsfeld lokal begrenzt, verwenden Sie die „Location"-Option der erweiterten Suche, um Ihre Ergebnisse einzugrenzen. Enthält Ihr Firmenname oft benutzte Wörter, können Sie falsche Ergebnisse per Minuszeichen ausschließen. Wenn Sie beispielsweise für den Musikdienst Pandora arbeiten, sollten Sie im Suchfeld *Pandora -armband -schmuck* benutzen, damit keine Ergebnisse zum gleichnamigen Schmuckhersteller angezeigt werden. (Der Screenshot zeigt eine zielgerichtete Suche sowie einige passende Ergebnisse. Komplett lassen sich die „falschen Treffer" leider kaum ausschließen.)

Ihre Mitbewerber. Erhalten Sie Informationen und Ideen zur Marktentwicklung. (Kapitel 6 enthält weitere Ideen zur firmenbezogenen Suche.)

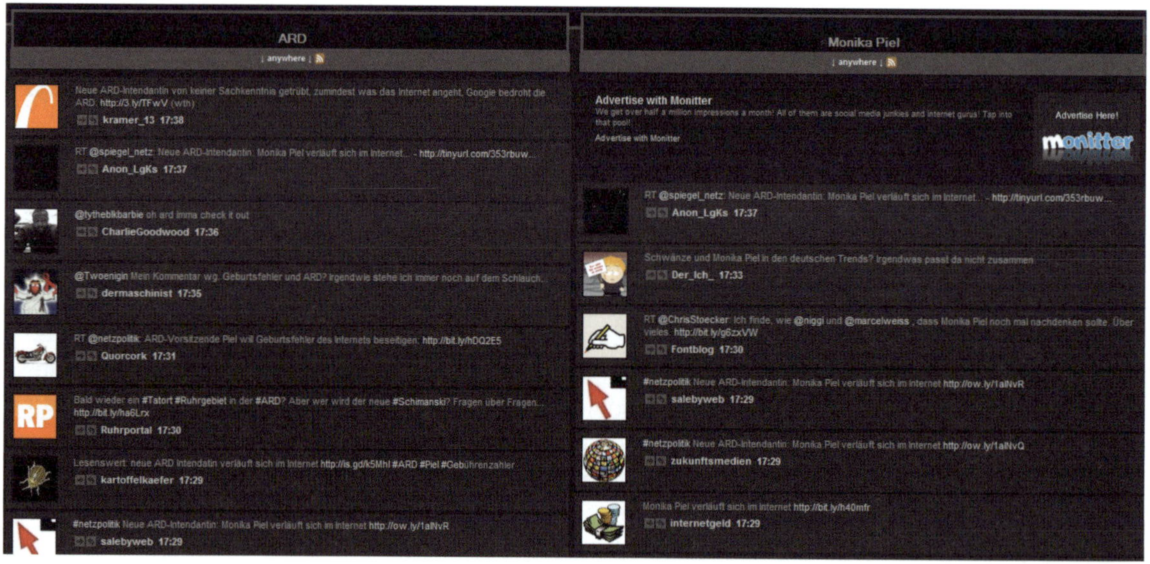
ARD
↓ anywhere ↓
Neue ARD-Intendantin von keiner Sachkenntnis getrübt, zumindest was das Internet angeht. Google bedroht die ARD. http://3.ly/TFwV (wth)
kramer_13 17:38
RT @spiegel_netz: Neue ARD-Intendantin: Monika Piel verläuft sich im Internet... - http://tinyurl.com/353rbuw...
Anon_LgKs 17:37
@tytheblkbarbie oh ard imma check it out
CharlieGoodwood 17:36
@Twoenigin Mein Kommentar wg. Geburtsfehler und ARD? Irgendwie stehe ich immer noch auf dem Schlauch...
dermaschinist 17:35
RT @netzpolitik: ARD-Vorsitzende Piel will Geburtsfehler des Internets beseitigen: http://bit.ly/hDQ2E5
Quorcork 17:31
Bald wieder ein #Tatort #Ruhrgebiet in der #ARD? Aber wer wird der neue #Schimanski? Fragen über Fragen... http://bit.ly/ha6Lrx
Ruhrportal 17:30
Lesenswert: neue ARD Intendatin verläuft sich im Internet http://is.gd/k5Mhl #ARD #Piel #Gebührenzahler
kartoffelkaefer 17:29
#netzpolitik Neue ARD-Intendantin: Monika Piel verläuft sich im Internet http://ow.ly/1alNvR
salebyweb 17:29
Monika Piel
↓ anywhere ↓
Advertise with Monitter
We get over half a million impressions a month! All of them are social media junkies and internet gurus! Tap into that pool!
Advertise with Monitter
Advertise Here!
monitter
RT @spiegel_netz: Neue ARD-Intendantin: Monika Piel verläuft sich im Internet... - http://tinyurl.com/353rbuw...
Anon_LgKs 17:37
Schwänze und Monika Piel in den deutschen Trends? Irgendwas passt da nicht zusammen
Der_Ich_ 17:33
RT @ChrisStoecker: Ich finde, wie @niggi und @marcelweiss , dass Monika Piel noch mal nachdenken sollte. Über vieles. http://bit.ly/g6zxVW
Fontblog 17:30
#netzpolitik Neue ARD-Intendantin: Monika Piel verläuft sich im Internet http://ow.ly/1alNvR
salebyweb 17:29
#netzpolitik Neue ARD-Intendantin: Monika Piel verläuft sich im Internet http://ow.ly/1alNvQ
zukunftsmedien 17:29
Monika Piel verläuft sich im Internet http://bit.ly/h40mfr
internetgeld 17:29

Die erweiterte Suche erweitern

Wenn Sie wissen wollen, was Leute zu einem bestimmten Thema meinen, und die Unterhaltung in Echtzeit mitverfolgen möchten, probieren Sie es einmal mit **TweetGrid** (http://tweetgrid.com) oder dem hier gezeigten **Monitter** (http://monitter.com).

Hiermit sehen Sie nicht nur, was andere sagen, sondern Sie bekommen auch einen Eindruck von der **Geschwindigkeit und dem Umfang der Tweets zu einem Thema.**

Wenn Sie täglich die gleiche Suche durchführen, sollten Sie Twitter vermutlich mit einem Client-Programm wie Seesmic oder TweetDeck verwenden, die eine Speicherung und Betrachtung der Suchbegriffe und -ergebnisse erleichtern. Programme von Drittherstellern finden Sie weiter unten in diesem Kapitel.

Twitter-Tipp

Wollen Sie alle Weinliebhaber aus Deutschland finden? Oder alle Blogger aus Österreich? Die Website **ReSearch.ly** (http://research.ly/) bietet eine Suchmaschine für genau diese Community-Suche. Noch sind die Treffer außerhalb der USA unvollständig, aber diesen Dienst sollten Sie im Blick behalten.

Diesen Feed abonnieren mit Google

Feeds immer mit Google abonnieren.

Jetzt abonnieren

frauen fußball wm - Twitter Search

Jones: 500 000 Tickets für Frauen-WM verkauft http://bit.ly/gWZNIK
Montag, 14. Februar 2011 19:52

Jones: 500 000 Tickets für **Frauen-WM** verkauft http://bit.ly/gWZNlK

ArnisArtikelAnzeige: Frauen-Fußball: WM 2011: Diplomatischer Startschuss http://bit.ly/iiW5yK
Montag, 14. Februar 2011 19:40

ArnisArtikelAnzeige: **Frauen-Fußball**: **WM** 2011: Diplomatischer Startschuss http://bit.ly/iiW5yK

FUSSBALL.de: Jones: 500 000 Tickets für Frauen-WM verkauft http://bit.ly/fTFJFG
Montag, 14. Februar 2011 19:24

FUSSBALL.de: Jones: 500 000 Tickets für **Frauen-WM** verkauft http://bit.ly/fTFJFG

Fußball- Jones: 500 000 Tickets für Frauen-WM verkauft http://bit.ly/i179s2
Montag, 14. Februar 2011 18:47

Fußball- Jones: 500 000 Tickets für **Frauen-WM** verkauft http://bit.ly/i179s2

Frauen-Fußball: WM 2011: Diplomatischer Startschuss: 131 Tage vor dem Eröffnungsspiel zur Frauenfußball-WM... http://bit.ly/dQBggD #SPOX
Montag, 14. Februar 2011 18:42

Frauen-Fußball: **WM** 2011: Diplomatischer Startschuss: 131 Tage vor dem Eröffnungsspiel zur Frauenfußball-**WM**... http://bit.ly/dQBggD #SPOX

Global: Jones: 500 000 Tickets für Frauen-WM verkauft: Berlin (dpa) - 131 Tage vor Beginn der Fußball-WM der Fra... http://bit.ly/gCn1Uw
Montag, 14. Februar 2011 18:37

Global: Jones: 500 000 Tickets für **Frauen-WM** verkauft: Berlin (dpa) - 131 Tage vor Beginn der **Fußball-WM** der Fra... http://bit.ly/gCn1Uw

[@SPOX] Frauen-Fußball: WM 2011: Diplomatischer Startschuss http://bit.ly/hEHpMa
Montag, 14. Februar 2011 18:34

[@SPOX] **Frauen-Fußball**: **WM** 2011: Diplomatischer Startschuss http://bit.ly/hEHpMa

Suchergebnisse per RSS mitverfolgen

Inzwischen haben Sie genug mit der Twitter-Suche herumgespielt und ein paar Suchabfragen zur Hand, die nützliche Ergebnisse bringen. Rufen Sie jetzt stündlich die Twitter-Seite auf, um die Abfrage nach neuen Nachrichten wieder und wieder durchzuführen? Natürlich nicht.

Die einfachste Möglichkeit besteht darin, einen **RSS-Feed** zu abonnieren. Hier sehen Sie einen Feed, der mit Google dargestellt wird und Ergebnisse zur Fußball-WM der Frauen enthält.

Um an einen passenden Feed zu kommen, führen Sie Ihre Suche durch und suchen auf der Ergebnisseite in der rechten oberen Ecke nach dem RSS-Logo und dem Link „Feed for this query". Das funktioniert natürlich auch mit einfachen Abfragen, beispielsweise einer Suche nach Ihrem Namen.

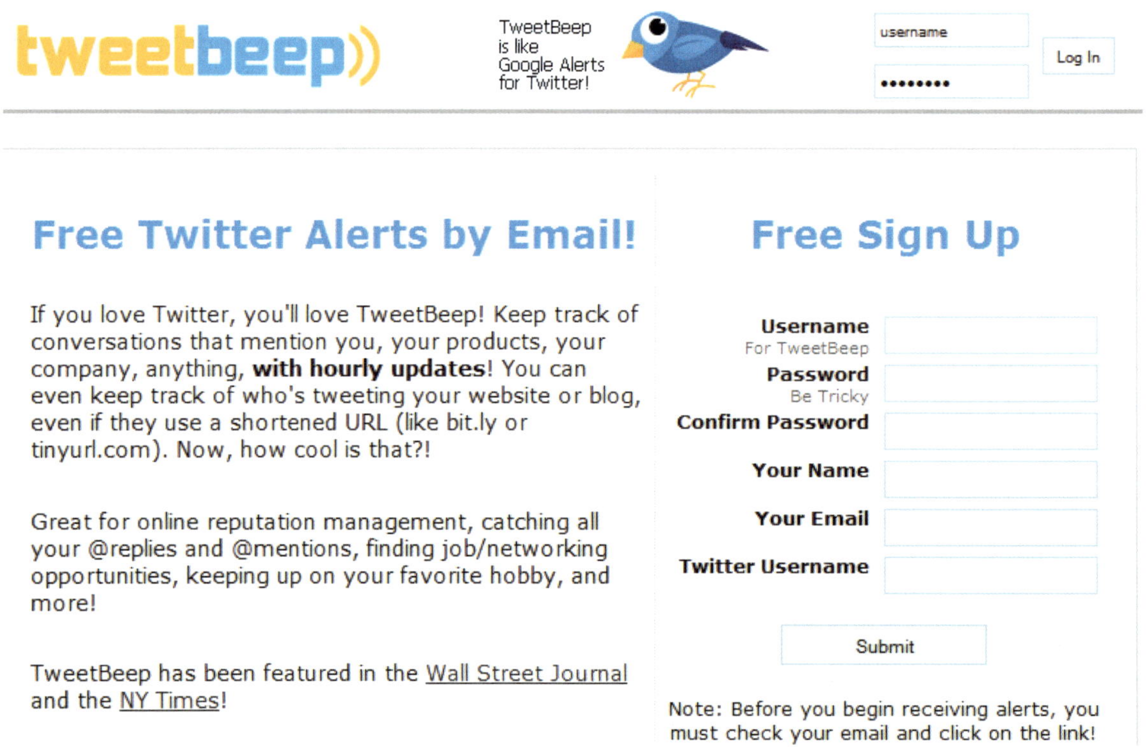

tweetbeep
TweetBeep is like Google Alerts for Twitter!
username
Log In
Free Twitter Alerts by Email!
If you love Twitter, you'll love TweetBeep! Keep track of conversations that mention you, your products, your company, anything, with hourly updates! You can even keep track of who's tweeting your website or blog, even if they use a shortened URL (like bit.ly or tinyurl.com). Now, how cool is that?!
Great for online reputation management, catching all your @replies and @mentions, finding job/networking opportunities, keeping up on your favorite hobby, and more!
TweetBeep has been featured in the Wall Street Journal and the NY Times!
Free Sign Up
Username
For TweetBeep
Password
Be Tricky
Confirm Password
Your Name
Your Email
Twitter Username
Submit
Note: Before you begin receiving alerts, you must check your email and click on the link!

Suchergebnisse per E-Mail-Benachrichtigung mitverfolgen

RSS ist schön und gut, wenn Sie Geek genug sind, um die Hälfte Ihrer Zeit mit einem RSS-Reader zu verbringen. Was aber, wenn Sie kaum RSS benutzen oder nicht einmal wissen, was RSS überhaupt ist? Kein Problem. **TweetBeep** hilft Ihnen weiter.

TweetBeep (http://tweetbeep.com) schickt Ihnen eine **E-Mail-Nachricht mit einer stündlichen Zusammenfassung der Tweets**, die Ihre Suchbegriffe enthalten. Das funktioniert so ähnlich wie Google Alerts, jedoch nur für Twitter anstatt für den Rest des Webs.

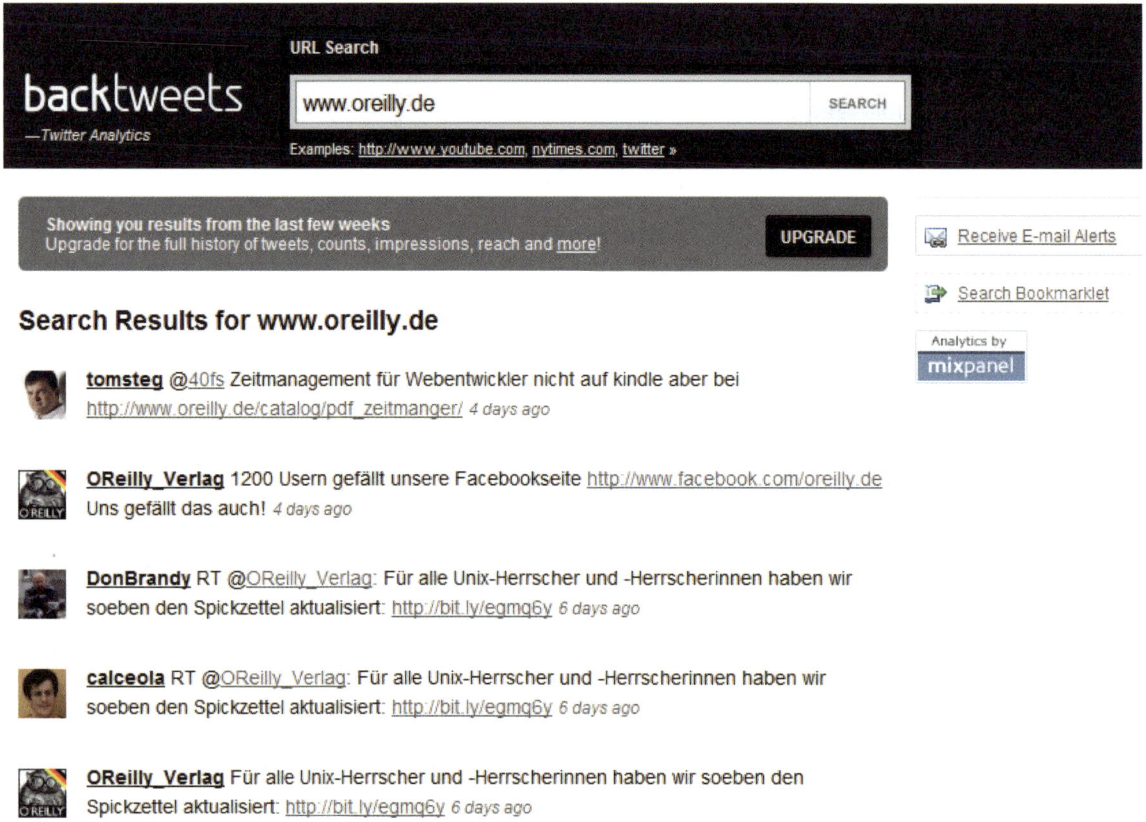
backtweets
—Twitter Analytics
URL Search
www.oreilly.de
SEARCH
Examples: http://www.youtube.com, nytimes.com, twitter »
Showing you results from the last few weeks
Upgrade for the full history of tweets, counts, impressions, reach and more!
UPGRADE
Receive E-mail Alerts
Search Bookmarklet
Analytics by
mixpanel
Search Results for www.oreilly.de
tomsteg @40fs Zeitmanagement für Webentwickler nicht auf kindle aber bei http://www.oreilly.de/catalog/pdf_zeitmanger/ 4 days ago
OReilly_Verlag 1200 Usern gefällt unsere Facebookseite http://www.facebook.com/oreilly.de Uns gefällt das auch! 4 days ago
DonBrandy RT @OReilly_Verlag: Für alle Unix-Herrscher und -Herrscherinnen haben wir soeben den Spickzettel aktualisiert: http://bit.ly/egmq6y 6 days ago
calceola RT @OReilly_Verlag: Für alle Unix-Herrscher und -Herrscherinnen haben wir soeben den Spickzettel aktualisiert: http://bit.ly/egmq6y 6 days ago
OReilly_Verlag Für alle Unix-Herrscher und -Herrscherinnen haben wir soeben den Spickzettel aktualisiert: http://bit.ly/egmq6y 6 days ago

Getwitterte Links zu Ihrer Website mitverfolgen

Wenn Sie Tweets mitverfolgen wollen, die Links auf Ihre Website enthalten, haben Sie ein kleines Problem. Da viele Twitterer URL-Verkürzungsdienste benutzen, **können Sie nicht einfach nach Erwähnungen Ihrer Domain suchen.**

Glücklicherweise gibt es **backtweets** (http://backtweets.com). Geben Sie einfach den URL ein, der mitverfolgt werden soll, und Sie erhalten eine Liste der passenden Ergebnisse. Sie können sowohl nach Domainnamen suchen (z.B. nytimes.com) als auch nach bestimmten Seiten (wie http://www.nytimes.com/2009/03/24/business/media/24paper.html).

Um die Ergebnisse ständig im Auge zu behalten, gibt es einen passenden RSS-Feed. Diesen können Sie durch einen Klick auf das RSS-Logo am Anfang der Seite abonnieren.

Twitter-Tipp

Wollen Sie per E-Mail benachrichtigt werden, wenn jemand einen URL erwähnt (auch einen verkürzten), versuchen Sie es mit dem auf der vorigen Seite erwähnten TweetBeep.

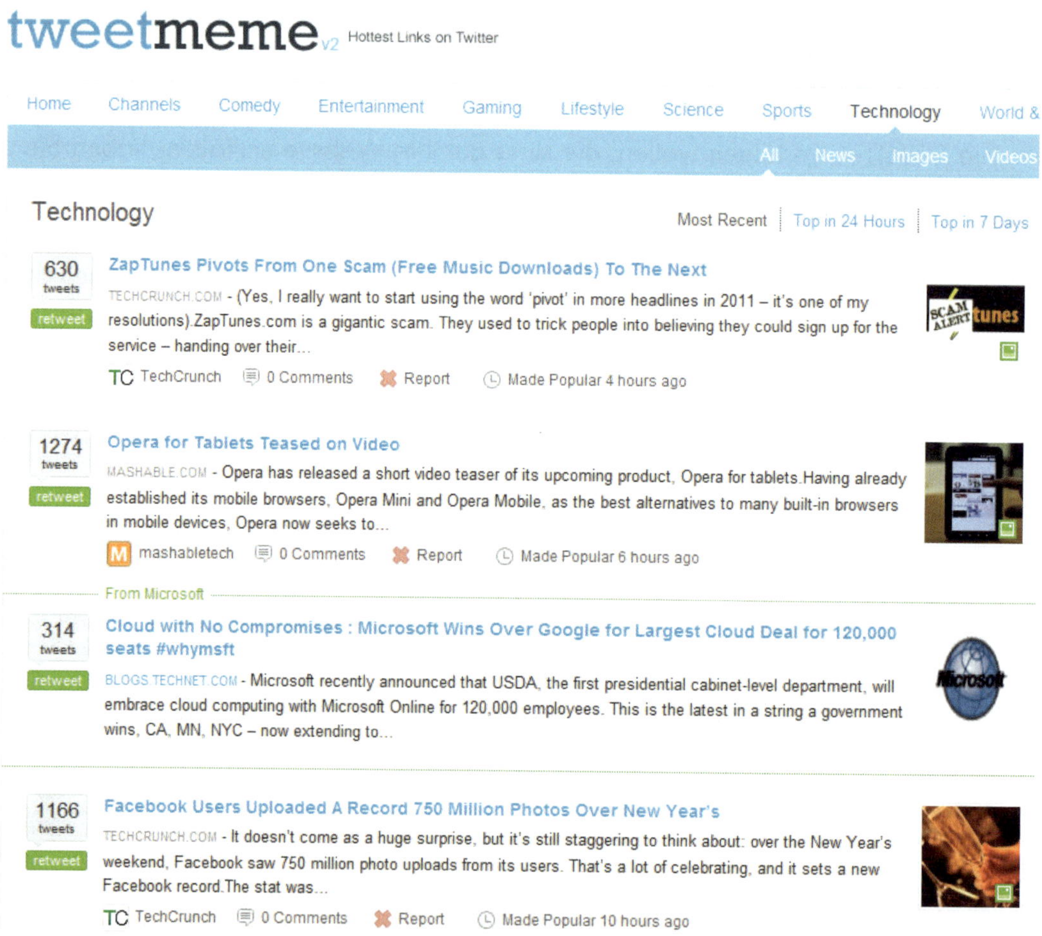
tweetmeme v2 Hottest Links on Twitter
Home Channels Comedy Entertainment Gaming Lifestyle Science Sports Technology World &
All News Images Videos
Technology
Most Recent Top in 24 Hours Top in 7 Days
630 tweets retweet
ZapTunes Pivots From One Scam (Free Music Downloads) To The Next
TECHCRUNCH.COM - (Yes, I really want to start using the word 'pivot' in more headlines in 2011 – it's one of my resolutions).ZapTunes.com is a gigantic scam. They used to trick people into believing they could sign up for the service – handing over their…
TC TechCrunch 0 Comments Report Made Popular 4 hours ago
1274 tweets retweet
Opera for Tablets Teased on Video
MASHABLE.COM - Opera has released a short video teaser of its upcoming product, Opera for tablets.Having already established its mobile browsers, Opera Mini and Opera Mobile, as the best alternatives to many built-in browsers in mobile devices, Opera now seeks to…
M mashabletech 0 Comments Report Made Popular 6 hours ago
From Microsoft
314 tweets retweet
Cloud with No Compromises : Microsoft Wins Over Google for Largest Cloud Deal for 120,000 seats #whymsft
BLOGS.TECHNET.COM - Microsoft recently announced that USDA, the first presidential cabinet-level department, will embrace cloud computing with Microsoft Online for 120,000 employees. This is the latest in a string a government wins, CA, MN, NYC – now extending to…
1166 tweets retweet
Facebook Users Uploaded A Record 750 Million Photos Over New Year's
TECHCRUNCH.COM - It doesn't come as a huge surprise, but it's still staggering to think about: over the New Year's weekend, Facebook saw 750 million photo uploads from its users. That's a lot of celebrating, and it sets a new Facebook record.The stat was…
TC TechCrunch 0 Comments Report Made Popular 10 hours ago

Herausfinden, was andere lesen

Da Ihre Mitmenschen gern Links auf Artikel twittern, die sie gelesen haben, **können Sie Twitter als gefiltertes Nachrichtenportal verwenden.** Oftmals servieren die Twitterer, denen Sie folgen, mehr Lesestoff, als Sie verarbeiten können. Um einen Überblick über die beliebtesten per Twitter verbreiteten Geschichten zu bekommen, können Sie die Dienste **Twitt(url)y** (http://twitturly.com) und **tweetmeme** (http://tweetmeme.com/) in Anspruch nehmen.

Beide listen die jeweiligen Links nach Beliebtheit sortiert auf. Außerdem kann man alle Tweets ansehen, die die URL enthalten. Per Mausklick können Sie den Link direkt an Ihre Follower weitertwittern. **Tweetmeme** ermöglicht außerdem noch eine Sortierung nach Sparte, z.B. Musik oder Sport.

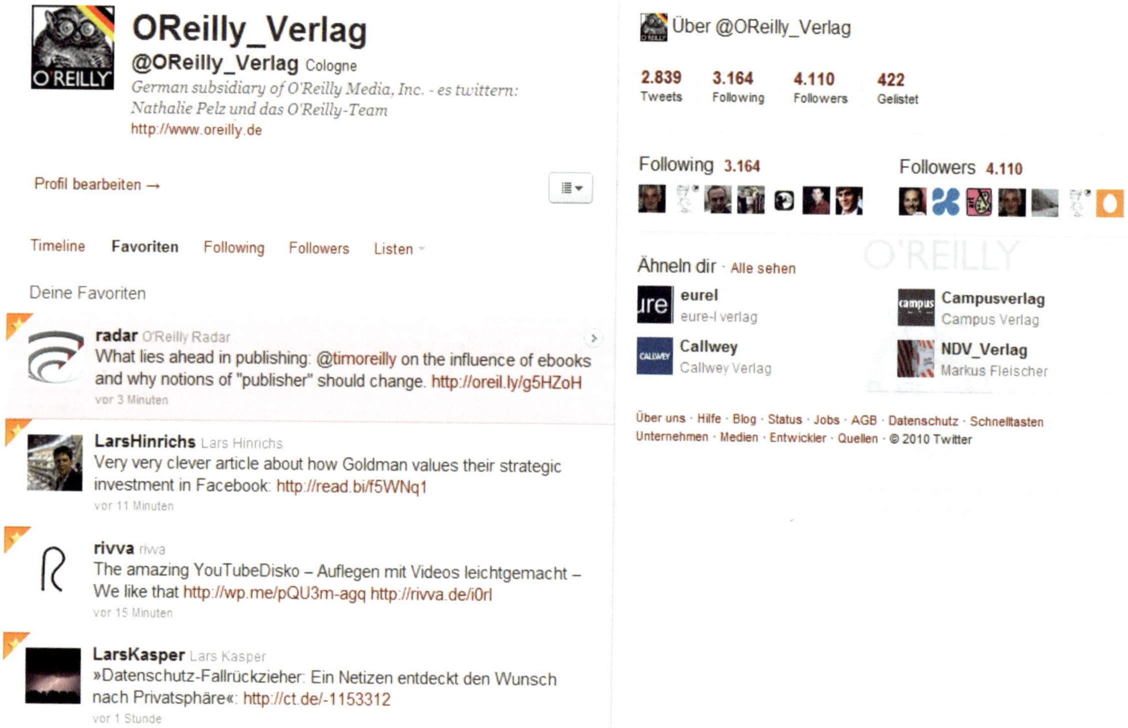
OReilly_Verlag
@OReilly_Verlag Cologne
German subsidiary of O'Reilly Media, Inc. - es twittern: Nathalie Pelz und das O'Reilly-Team
http://www.oreilly.de
Profil bearbeiten →
Timeline
Favoriten
Following
Followers
Listen
Deine Favoriten
radar O'Reilly Radar
What lies ahead in publishing: @timoreilly on the influence of ebooks and why notions of "publisher" should change. http://oreil.ly/g5HZoH
vor 3 Minuten
LarsHinrichs Lars Hinrichs
Very very clever article about how Goldman values their strategic investment in Facebook: http://read.bi/f5WNq1
vor 11 Minuten
rivva rivva
The amazing YouTubeDisko – Auflegen mit Videos leichtgemacht – We like that http://wp.me/pQU3m-agq http://rivva.de/i0rl
vor 15 Minuten
LarsKasper Lars Kasper
»Datenschutz-Fallrückzieher: Ein Netizen entdeckt den Wunsch nach Privatsphäre«: http://ct.de/-1153312
vor 1 Stunde
Über @OReilly_Verlag
2.839 Tweets
3.164 Following
4.110 Followers
422 Gelistet
Following 3.164
Followers 4.110
Ähneln dir · Alle sehen
eurel
eure-l verlag
Campusverlag
Campus Verlag
Callwey
Callwey Verlag
NDV_Verlag
Markus Fleischer
Über uns · Hilfe · Blog · Status · Jobs · AGB · Datenschutz · Schnelltasten
Unternehmen · Medien · Entwickler · Quellen · © 2010 Twitter

Tweets als Favoriten markieren

Twitter hat eine eigene Favoriten-Funktion, mit der Sie unterhaltsame oder interessante Meldungen sammeln können. Gleichzeitig lassen sich mit dieser Methode Artikel oder Links aufheben, die Sie später lesen bzw. besuchen wollen. Wenn Sie den Mauszeiger über eine Nachricht bewegen, erscheint unterhalb des Tweets ein Stern mit dem Text „Als Favorit markieren". Klicken Sie darauf, um die Nachricht zu Ihren Favoriten hinzuzufügen. Sie finden sie dann unter dem Punkt „Favoriten" in der linken Bildhälfte Ihres Twitter-Accounts wieder. Wenn Sie den Link „Favoriten" anklicken, erhalten Sie Ihre markierten Tweets als Liste, wie in nebenstehender Abbildung dargestellt.

Dieser Trick ist besonders praktisch, wenn Sie mit dem Handy unterwegs sind und einen Artikel später auf dem PC lesen wollen. Wenn Sie einen mobilen Client benutzen (darauf kommen wir in Kapitel 8 zu sprechen), gibt es mit ziemlicher Sicherheit ein eingebautes Favoriten-Feature.

favstar.fm
Settings
Bonus Features
1 Click
Search users...
@mogelpony
Andi Christ
Add to my favstar list
Friends: 589
Followers: 2,248
Favs Rec'd: 35,408
Trophies Rec'd: 1
Favstar Lists In: 82
Recent Tweets
Most Faved Tweets
Most Retweeted Tweets
Faved By
Retweeted By
Favs
Retweets
Sign in with Twitter
No Password Required
Sign in to Favstar and your favs and retweets will be shown instantly.
Show me my Tweets
Leaderboard
Recent
Tweets of The Day
All Time
Popular People
@mogelpony's (Andi Christ) most faved tweets
Wo hat der Onkel dich denn angefavt?
Follow
@mogelpony about 1 year ago
212 FAVS
203 OTHERS
4 RTS
100
50
Es wird gegessen, was aus dem Automaten kommt!
Follow
@mogelpony about 1 year ago
157 FAVS
148 OTHERS
3 RTS
100
50
Mist, der Parkplatz ist gar nicht frei. Das hatte auf Google Maps ganz anders ausgesehen.
Follow
@mogelpony about 1 year ago

Wer mag meine Tweets?

Für das Markieren von Tweets hat sich auch die Wortneuschöpfung „faven" etabliert. Wenn Sie nun wissen wollen, welche Ihrer Tweets von anderen „gefavt", also als interessant markiert wurden, können Sie den Dienst **Favstar** (http://favstar.fm) befragen.

Die Webseite gibt darüber Auskunft, von wie vielen Twitterern Ihre Tweets markiert und retweetet wurden – inklusive Rankings, wer wie oft mit seinen Tweets gefavt wurde. Geben Sie einfach auf der Eingangsseite Ihren Twitternamen ein (oder einen Twitternamen, nach dem Sie suchen möchten), und Ihnen werden alle gefavten Tweets dieser Person gezeigt.

Twitter-Tipp

Wenn Sie Twitter mit Ihrem Handy benutzen, können Sie übrigens auch per SMS faven: Antworten Sie auf ein beliebiges Posting mit dem Befehl „FAV *benutzername*", um die Nachricht zu den Favoriten hinzuzufügen. Informationen zu weiteren Textbefehlen finden Sie in Kapitel 1 und Kapitel 8.

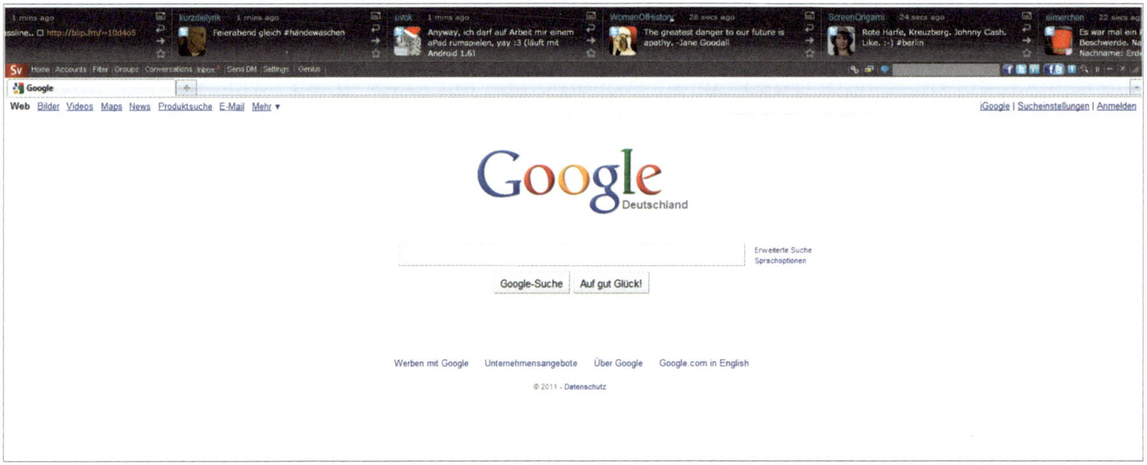
Feierabend gleich #händewaschen
Anyway, ich darf auf Arbeit mir einem aPad rumspielen, yay :3 (läuft mit Android 1.6)
The greatest danger to our future is apathy. -Jane Goodall
Rote Harfe, Kreuzberg. Johnny Cash. Like. :-) #berlin
Home Accounts Filter Groups Conversations Inbox Send DM Settings Genius
Google
Web Bilder Videos Maps News Produktsuche E-Mail Mehr
iGoogle | Sucheinstellungen | Anmelden
Google Deutschland
Erweiterte Suche
Sprachoptionen
Google-Suche
Auf gut Glück!
Werben mit Google Unternehmensangebote Über Google Google.com in English
© 2011 - Datenschutz

Drittprogramme, die Ihr Leben verändern

Die Twitter-Weboberfläche bietet erst seit kurzer Zeit höhere Funktionalitäten, wie z.B. das Retweeten per Mausklick. Doch auch trotz der mittlerweile intuitiveren Bedienbarkeit kann es sinnvoll sein, mit Twitter-Clients wie Seesmic zu arbeiten. Sie haben damit die Möglichkeit, genau das Programm zu finden, das zu Ihren Bedürfnissen passt.

Es gibt Dutzende, wenn nicht Hunderte von Client-Programmen. Auf den nächsten Seiten finden Sie einige unserer Favoriten. Hier sehen Sie mit **SocialVisor** (http://www.socialvisor.com/) beispielsweise einen Client, der Ihren Nachrichtenstrom am oberen Rand Ihres Bildschirms durchlaufen lässt.

Twitter-Tipp

Bei allen Clients und Programmen von Drittherstellern müssen Sie **Ihr Twitter-Passwort** angeben. Auch wenn es normalerweise kein Problem ist, Ihren Twitter-Benutzernamen weiterzugeben, sollten Sie mit Ihrem Passwort äußerst vorsichtig sein. Geben Sie es nur bei Programmen und Websites ein, denen Sie vertrauen können.

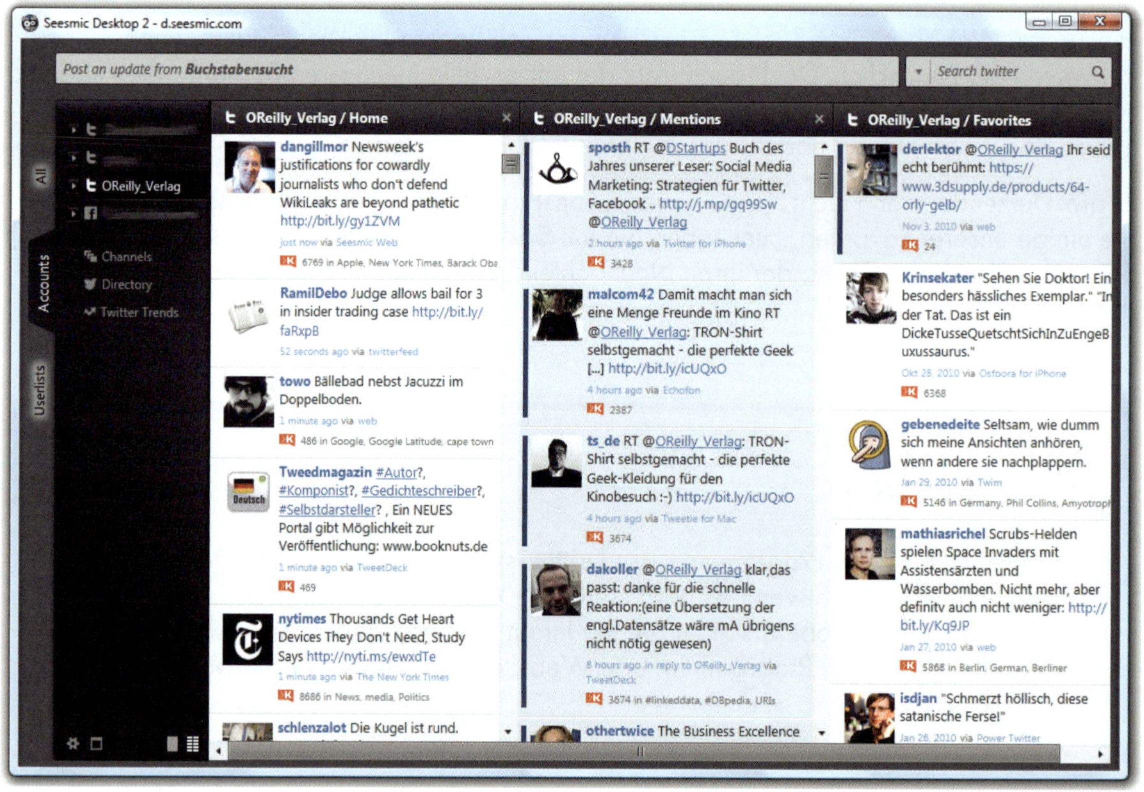
Seesmic Desktop 2 - d.seesmic.com
Post an update from Buchstabensucht
Search twitter
All
Accounts
Userlists
OReilly_Verlag
Channels
Directory
Twitter Trends
OReilly_Verlag / Home
OReilly_Verlag / Mentions
OReilly_Verlag / Favorites
dangillmor Newsweek's justifications for cowardly journalists who don't defend WikiLeaks are beyond pathetic http://bit.ly/gy1ZVM
just now via Seesmic Web
RamilDebo Judge allows bail for 3 in insider trading case http://bit.ly/faRxpB
52 seconds ago via twitterfeed
towo Bällebad nebst Jacuzzi im Doppelboden.
1 minute ago via web
Tweedmagazin #Autor?, #Komponist?, #Gedichteschreiber?, #Selbstdarsteller? , Ein NEUES Portal gibt Möglichkeit zur Veröffentlichung: www.booknuts.de
1 minute ago via TweetDeck
nytimes Thousands Get Heart Devices They Don't Need, Study Says http://nyti.ms/ewxdTe
1 minute ago via The New York Times
schlenzalot Die Kugel ist rund.
sposth RT @DStartups Buch des Jahres unserer Leser: Social Media Marketing: Strategien für Twitter, Facebook .. http://j.mp/gq99Sw @OReilly_Verlag
2 hours ago via Twitter for iPhone
malcom42 Damit macht man sich eine Menge Freunde im Kino RT @OReilly_Verlag: TRON-Shirt selbstgemacht - die perfekte Geek [...] http://bit.ly/icUQxO
4 hours ago via Echofon
ts_de RT @OReilly_Verlag: TRON-Shirt selbstgemacht - die perfekte Geek-Kleidung für den Kinobesuch :-) http://bit.ly/icUQxO
4 hours ago via Tweetie for Mac
dakoller @OReilly_Verlag klar,das passt: danke für die schnelle Reaktion:(eine Übersetzung der engl.Datensätze wäre mA übrigens nicht nötig gewesen)
8 hours ago in reply to OReilly_Verlag via TweetDeck
othertwice The Business Excellence
derlektor @OReilly_Verlag Ihr seid echt berühmt: https://www.3dsupply.de/products/64-orly-gelb/
Nov 3, 2010 via web
Krinsekater "Sehen Sie Doktor! Ein besonders hässliches Exemplar." "In der Tat. Das ist ein DickeTusseQuetschtSichInZuEngeBuxussaurus."
Okt 28, 2010 via Osfoora for iPhone
gebenedeite Seltsam, wie dumm sich meine Ansichten anhören, wenn andere sie nachplappern.
Jan 29, 2010 via Twim
mathiasrichel Scrubs-Helden spielen Space Invaders mit Assistensärzten und Wasserbomben. Nicht mehr, aber definitv auch nicht weniger: http://bit.ly/Kq9JP
Jan 27, 2010 via web
isdjan "Schmerzt höllisch, diese satanische Ferse!"
Jan 26, 2010 via Power Twitter

Lebensveränderndes Programm Nr. 1: Seesmic Desktop

Seesmic sitzt, übersichtlich und gutaussehend, auf Ihrem Desktop. Automatisch lädt es neue Tweets, und zwar nicht nur die eines einzigen Twitter-Accounts, sondern auf Wunsch auch die Nachrichten, die Sie über weitere Twitter-Konten sowie über Facebook, Foursquare, LinkedIn, PingFM und Google Buzz erreichen.

In individuell ausgewählten Spalten können Sie Ihre Nachrichten, Erwähnungen, Direct Messages und vieles mehr anzeigen lassen – eine sehr effiziente Methode, um die Ihnen wichtigen Dinge im Auge zu behalten.

Auch beim Verschicken ist Seesmic stark. Für eingehende Nachrichten gibt es Optionen zum Antworten, zum Erstellen eines Retweets und von DMs, zur Markierung als Favorit und anderes. Zudem verkürzt Seesmic automatisch Ihre URLs und unterstützt Dienste wie Twitpic zum Einbinden von Bildern. Selbstverständlich können Sie alle Konten, die Sie mit Seesmic abrufen, auch über Seesmic füttern.

Bevor Sie **Seesmic** (http://seesmic.com) installieren können, brauchen Sie Adobe Air (http://www.adobe.com/products/air). Das klingt einschüchternd, braucht aber nur wenige Minuten für den Download und die Installation.

TweetDeck
TweetDeck v0.36.2
From:
What's happening?
DRAG MEDIA AND LINKS HERE
140
Send
All Friends
OReilly_Verlag
Metropolis und wie die Megacity entstand...: Ich habe dieses Bild von den Arbeiten am Metrpolis-Modell für Fritz... http://bit.ly/eElyfr
Kruemelkram, [+] Tue 04 Jan 21:46 via twitterfeed
Why Every Brand Needs an Open API for Developers - http://on.mash.to/eywlmM
mashable, [+] Tue 04 Jan 21:45 via HootSuite
Analysts Predicting Android Will Overwhelm iPhone http://bit.ly/hjD2NT via @sejournal
the_gman, [+] Tue 04 Jan 21:45 via twitterfeed
R.I.P. Gerry Rafferty :(
BarnB, [+] Tue 04 Jan 21:45 via Twitter for iPhone
Premiere! Mal sehen, ob unter SuSE mein ReinerSCT jetzt läuft...?
Mentions
OReilly_Verlag
RT @DStartups Buch des Jahres unserer Leser: Social Media Marketing: Strategien für Twitter, Facebook .. http://j.mp/gq99Sw @OReilly_Verlag
sposth, [+] Tue 04 Jan 19:09 via Twitter for iPhone
Damit macht man sich eine Menge Freunde im Kino RT @OReilly_Verlag: TRON-Shirt selbstgemacht - die perfekte Geek[...] http://bit.ly/icUQxO
malcom42, [+] Tue 04 Jan 17:13 via Echofon
RT @OReilly_Verlag: TRON-Shirt selbstgemacht - die perfekte Geek-Kleidung für den Kinobesuch :-) http://bit.ly/icUQxO
ts_de, [+] Tue 04 Jan 16:54 via Tweetie for Mac
@OReilly_Verlag klar,das passt: danke für die schnelle Reaktion:(eine Übersetzung der engl.Datensätze wäre mA übrigens nicht nötig gewesen)
dakoller, [+] Tue 04 Jan 13:03 via TweetDeck in reply to...
The Business Excellence Daily is out! http://bit.ly/h15FVZ Top stories today by
Favorites
OReilly_Verlag
@OReilly_Verlag Ihr seid echt berühmt: https://www.3dsupply.de/products/64-orly-gelb/
derlektor, [+] Wed 03 Nov 12:07 via web
"Sehen Sie Doktor! Ein besonders hässliches Exemplar." "In der Tat. Das ist ein DickeTusseQuetschtSichInZuEngeBuxussaurus."
Krinsekater, [+] Thu 28 Oct 09:15 via Osfoora for iPhone
Seltsam, wie dumm sich meine Ansichten anhören, wenn andere sie nachplappern.
gebenedeite, [+] Fri 29 Jan 16:12 via Twim
Scrubs-Helden spielen Space Invaders mit Assistensärzten und Wasserbomben. Nicht mehr, aber definitv auch nicht weniger: http://bit.ly/Kq9JP
mathiasrichel, [+] Wed 27 Jan 08:06 via web
"Schmerzt höllisch, diese satanische Ferse!"
Trending: Worldwide
#QuittingSucks
Promoted
RIP Gerry Rafferty
Gerry Rafferty, Scottish-born mu song Baker Street (which contai died, aged 63.
– WhatTheTrend.com
Macaulay Culkin
Mila Kunis and Macaulay Culki
– WhatTheTrend.com
Devil Wears Prada
Why is this topic trending? Tell
Kellie Pickler

Lebensveränderndes Programm Nr. 2: TweetDeck

TweetDeck ist einer der beliebtesten Twitter-Clients. Warum? Neben vielen hilfreichen Eigenschaften zum Empfangen und Verschicken von Tweets besitzt es eine hervorragende Darstellungsfähigkeit: **Sie können die Nachrichten gruppieren.**

Wenn Sie 300 oder auch 3000 Leuten folgen, aber nicht einmal die Zeit haben, auch nur 30 davon tatsächlich zu lesen, kann Ihnen TweetDeck eine Spalte anzeigen, die nur Nachrichten Ihrer engsten Freunde enthält. Sie können die Nachrichten auch nach Stichwort oder Hashtag gruppieren. Außerdem zeigt TweetDeck Ihnen die aktuellen Twitter-Trends an und empfiehlt automatisch interessante Tweets.

Auch **TweetDeck** (http://tweetdeck.com) ist eine Air-Anwendung, für die Sie den kostenlosen Air-Client von Adobe (http://www.adobe.com/products/air) brauchen.

Twitter-Tipp

Web-Programme, die auf Ihrem Desktop laufen, haben die Tendenz, mit der Zeit immer mehr Systemressourcen zu beanspruchen. Sie sollten das Programm daher täglich schließen und neu starten.

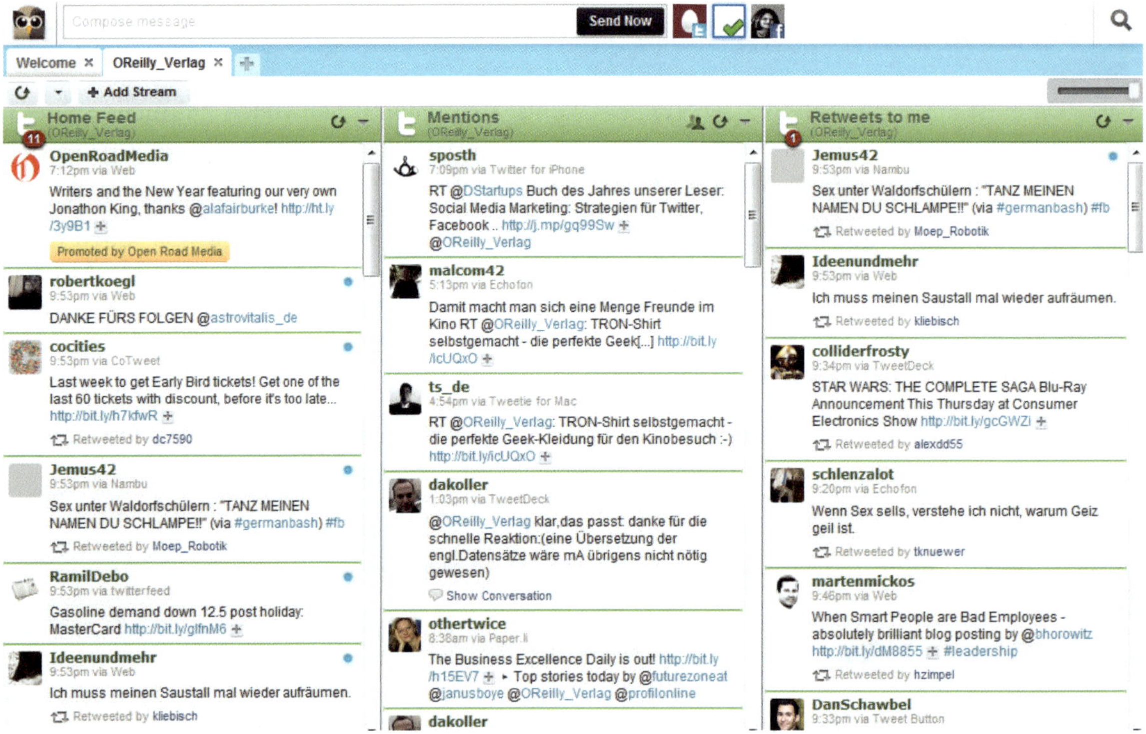
Compose message
Send Now
Welcome
OReilly_Verlag
Add Stream
Home Feed
(OReilly_Verlag)
11
OpenRoadMedia
7:12pm via Web
Writers and the New Year featuring our very own Jonathon King, thanks @alafairburke! http://ht.ly/3y9B1
Promoted by Open Road Media
robertkoegl
9:53pm via Web
DANKE FÜRS FOLGEN @astrovitalis_de
cocities
9:53pm via CoTweet
Last week to get Early Bird tickets! Get one of the last 60 tickets with discount, before it's too late... http://bit.ly/h7kfwR
Retweeted by dc7590
Jemus42
9:53pm via Nambu
Sex unter Waldorfschülern : "TANZ MEINEN NAMEN DU SCHLAMPE!!" (via #germanbash) #fb
Retweeted by Moep_Robotik
RamilDebo
9:53pm via twitterfeed
Gasoline demand down 12.5 post holiday: MasterCard http://bit.ly/glfnM6
Ideenundmehr
9:53pm via Web
Ich muss meinen Saustall mal wieder aufräumen.
Retweeted by kliebisch
Mentions
(OReilly_Verlag)
sposth
7:09pm via Twitter for iPhone
RT @DStartups Buch des Jahres unserer Leser: Social Media Marketing: Strategien für Twitter, Facebook .. http://j.mp/gq99Sw @OReilly_Verlag
malcom42
5:13pm via Echofon
Damit macht man sich eine Menge Freunde im Kino RT @OReilly_Verlag: TRON-Shirt selbstgemacht - die perfekte Geek[...] http://bit.ly/icUQxO
ts_de
4:54pm via Tweetie for Mac
RT @OReilly_Verlag: TRON-Shirt selbstgemacht - die perfekte Geek-Kleidung für den Kinobesuch :-) http://bit.ly/icUQxO
dakoller
1:03pm via TweetDeck
@OReilly_Verlag klar,das passt. danke für die schnelle Reaktion:(eine Übersetzung der engl.Datensätze wäre mA übrigens nicht nötig gewesen)
Show Conversation
othertwice
8:38am via Paper.li
The Business Excellence Daily is out! http://bit.ly/h15EV7 ▸ Top stories today by @futurezoneat @janusboye @OReilly_Verlag @profilonline
dakoller
Retweets to me
(OReilly_Verlag)
1
Jemus42
9:53pm via Nambu
Sex unter Waldorfschülern : "TANZ MEINEN NAMEN DU SCHLAMPE!!" (via #germanbash) #fb
Retweeted by Moep_Robotik
Ideenundmehr
9:53pm via Web
Ich muss meinen Saustall mal wieder aufräumen.
Retweeted by kliebisch
colliderfrosty
9:34pm via TweetDeck
STAR WARS: THE COMPLETE SAGA Blu-Ray Announcement This Thursday at Consumer Electronics Show http://bit.ly/gcGWZi
Retweeted by alexdd55
schlenzalot
9:20pm via Echofon
Wenn Sex sells, verstehe ich nicht, warum Geiz geil ist.
Retweeted by tknuewer
martenmickos
9:46pm via Web
When Smart People are Bad Employees - absolutely brilliant blog posting by @bhorowitz http://bit.ly/dM8855 #leadership
Retweeted by hzimpel
DanSchawbel
9:33pm via Tweet Button

Lebensveränderndes Programm Nr. 3: Hootsuite

Hootsuite läuft in Ihrem Browser, d.h., Sie müssen nichts herunterladen und installieren. Stattdessen gehen Sie auf **http://hootsuite.com** und registieren sich mit Ihrem Namen und Ihrer E-Mail-Adresse. Danach können Sie ähnlich wie bei Tweetdeck und Seesmic Ihre Twitter-Accounts spaltenweise sortiert nach Nachrichteneingang, Erwähnungen und Direct Messages darstellen. Zusätzlich erlaubt auch Hootsuite die Integration von Facebook, LinkedIn, Foursquare und anderen Netzwerken.

Hootsuite ist insbesondere bei Unternehmen sehr beliebt, weil es nützliche Zusatzfunktionen wie zeitversetztes, programmiertes Posten und Analyse-Tools zur Verfügung stellt.

Hootsuite (http://hootsuite.com) gibt es auch als App für iPhone und Android sowie als Erweiterung für Ihren Firefox-Browser.

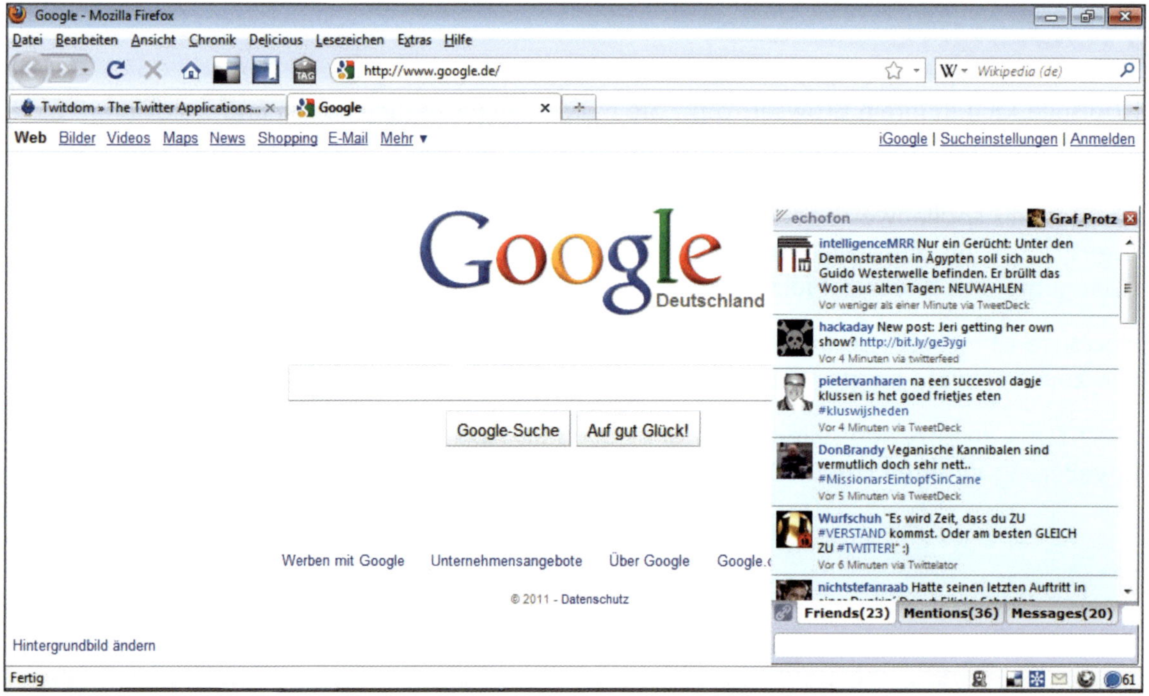

Google - Mozilla Firefox
Datei Bearbeiten Ansicht Chronik Delicious Lesezeichen Extras Hilfe
http://www.google.de/
Wikipedia (de)
Twitdom » The Twitter Applications...
Google
Web Bilder Videos Maps News Shopping E-Mail Mehr ▾
iGoogle | Sucheinstellungen | Anmelden
Google
Deutschland
Google-Suche
Auf gut Glück!
Werben mit Google
Unternehmensangebote
Über Google
© 2011 - Datenschutz
Hintergrundbild ändern
echofon
Graf_Protz
intelligenceMRR Nur ein Gerücht: Unter den Demonstranten in Ägypten soll sich auch Guido Westerwelle befinden. Er brüllt das Wort aus alten Tagen: NEUWAHLEN
Vor weniger als einer Minute via TweetDeck
hackaday New post: Jeri getting her own show? http://bit.ly/ge3ygi
Vor 4 Minuten via twitterfeed
pietervanharen na een succesvol dagje klussen is het goed frietjes eten #kluswijsheden
Vor 4 Minuten via TweetDeck
DonBrandy Veganische Kannibalen sind vermutlich doch sehr nett.. #MissionarsEintopfSinCarne
Vor 5 Minuten via TweetDeck
Wurfschuh "Es wird Zeit, dass du ZU #VERSTAND kommst. Oder am besten GLEICH ZU #TWITTER!" :)
Vor 6 Minuten via Twittelator
nichtstefanraab Hatte seinen letzten Auftritt in
Friends(23) Mentions(36) Messages(20)
Fertig
61

Wenn Sie Twitter in Ihren Browser integrieren möchten

Viele Leute nutzen ihren Browser (z.B. Firefox oder Internet Explorer) für ganz viele Sachen am PC, daher haben sie ihren Browser ständig offen. Von **Echofon** (http://www.echofon.com/) gibt ist ein Browser-Plugin, das Ihnen eintreffende Tweets dezent wie eine Tickermeldung in der unteren Taskleiste Ihres Browsers darstellt.

So ist es Ihnen möglich, einen Überblick über eintreffende Tweets zu behalten, ohne ständig direkt auf die Webseite von Twitter zu gehen, um sich dort Ihre Timeline nach neuen Tweets anzuschauen.

Von Echofon gibt es ebenfalls einen Smartphone-Client, den wir Ihnen in Kapitel 8 vorstellen.

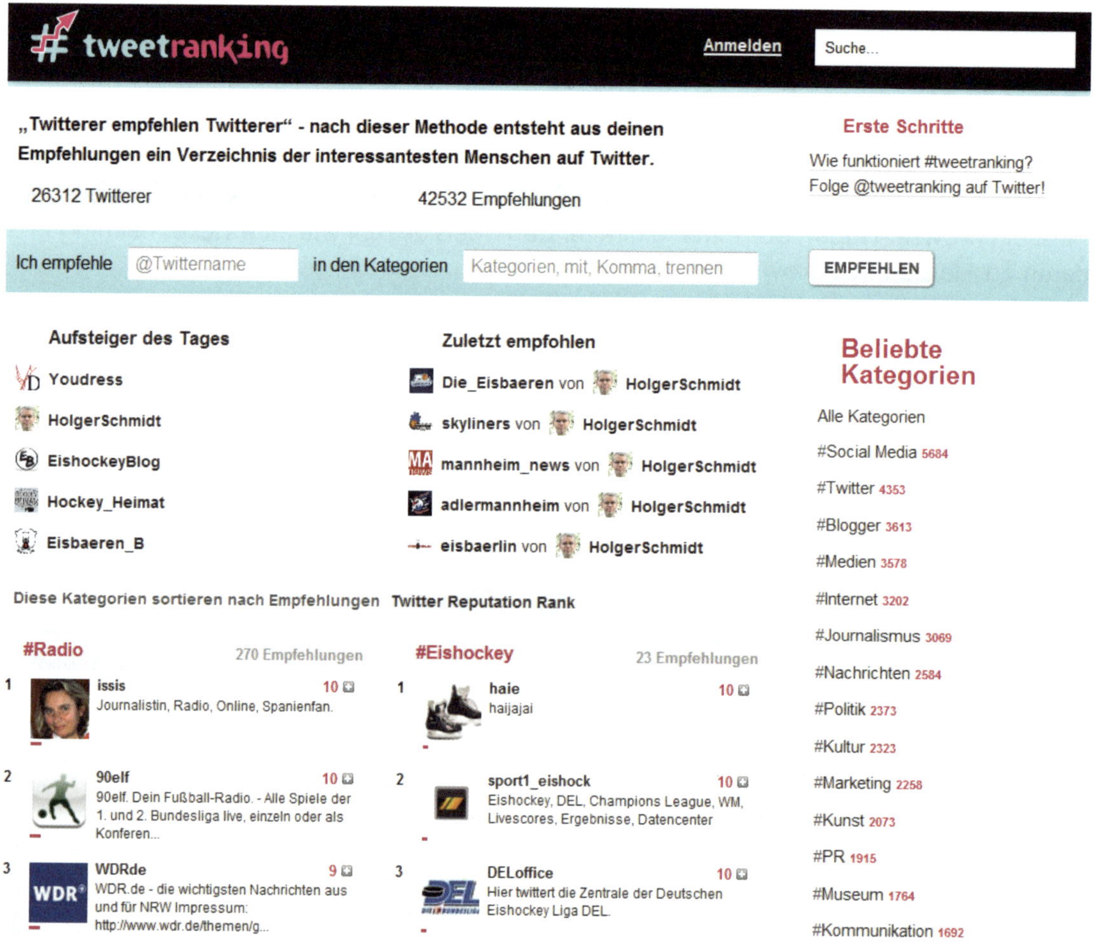
#tweetranking
Anmelden
Suche...
„Twitterer empfehlen Twitterer“ - nach dieser Methode entsteht aus deinen Empfehlungen ein Verzeichnis der interessantesten Menschen auf Twitter.
26312 Twitterer
42532 Empfehlungen
Erste Schritte
Wie funktioniert #tweetranking?
Folge @tweetranking auf Twitter!
Ich empfehle
@Twittername
in den Kategorien
Kategorien, mit, Komma, trennen
EMPFEHLEN
Aufsteiger des Tages
Youdress
HolgerSchmidt
EishockeyBlog
Hockey_Heimat
Eisbaeren_B
Zuletzt empfohlen
Die_Eisbaeren von HolgerSchmidt
skyliners von HolgerSchmidt
mannheim_news von HolgerSchmidt
adlermannheim von HolgerSchmidt
eisbaerlin von HolgerSchmidt
Beliebte Kategorien
Alle Kategorien
#Social Media 5684
#Twitter 4353
#Blogger 3613
#Medien 3578
#Internet 3202
#Journalismus 3069
#Nachrichten 2584
#Politik 2373
#Kultur 2323
#Marketing 2258
#Kunst 2073
#PR 1915
#Museum 1764
#Kommunikation 1692
Diese Kategorien sortieren nach Empfehlungen
Twitter Reputation Rank
#Radio
270 Empfehlungen
1 issis 10
Journalistin, Radio, Online, Spanienfan.
2 90elf 10
90elf. Dein Fußball-Radio. - Alle Spiele der 1. und 2. Bundesliga live, einzeln oder als Konferen...
3 WDRde 9
WDR.de - die wichtigsten Nachrichten aus und für NRW Impressum: http://www.wdr.de/themen/g...
#Eishockey
23 Empfehlungen
1 haie 10
haijajai
2 sport1_eishock 10
Eishockey, DEL, Champions League, WM, Livescores, Ergebnisse, Datencenter
3 DELoffice 10
Hier twittert die Zentrale der Deutschen Eishockey Liga DEL.

Folgen Sie schlauen Köpfen, die Sie nicht kennen

Sie können Twitter benutzen, um mit Ihren Freunden und Ihrer Familie in Kontakt zu bleiben. **Um aber das meiste aus dem Dienst herauszuholen, sollten Sie zumindest ein paar Leuten folgen, die Sie noch nicht kennen.** Diese verweisen Sie auf Artikel, die Sie normalerweise nicht sehen würden. Sie vermitteln Ihnen einen Blick dafür, was in einer anderen Region oder in einem anderen beruflichen oder sozialen Umfeld passiert. Wenn Sie Twitter aus beruflichen Gründen nutzen, kann diese Methode helfen, neue Verbindungen zu schaffen, indem Sie Gleichgesinnten und Vordenkern in Ihrem Bereich folgen.

Eine Reihe von Diensten helfen Ihnen dabei, schlaue und interessante Leute zu finden, denen Sie folgen können. Beginnen Sie auf der Suchseite von Twitter (http://search.twitter.com), um ein paar Begriffe nachzuschlagen, die Ihnen wichtig sind. Danach werfen Sie einen Blick auf durchsuchbare Verzeichnisse wie **We Follow** (http://wefollow.com).

Schließlich können Sie es noch mit einer „Empfehlungsmaschine" probieren, wie etwa dem hier gezeigten **tweetranking** (http://tweetranking.com). Nach der Methode „Twitterer empfehlen Twitterer" ist hier ein Verzeichnis von knapp 30.000 Twitterern entstanden, sortiert nach Interessensgebieten wie Politik, Musik oder Sport.

Vergessen Sie nicht, sich selbst hinzuzufügen, wenn Sie auf diesen Websites unterwegs sind.

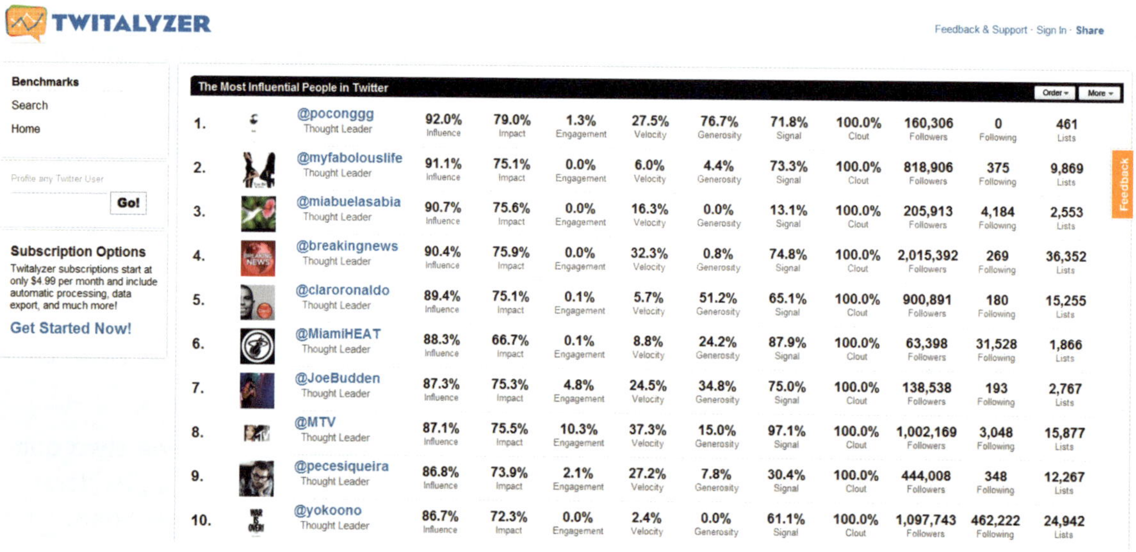

The Most Influential People in Twitter

	User	Influence	Impact	Engagement	Velocity	Generosity	Signal	Clout	Followers	Following	Lists
1.	@poconggg Thought Leader	92.0%	79.0%	1.3%	27.5%	76.7%	71.8%	100.0%	160,306	0	461
2.	@myfabolouslife Thought Leader	91.1%	75.1%	0.0%	6.0%	4.4%	73.3%	100.0%	818,906	375	9,869
3.	@miabuelasabia Thought Leader	90.7%	75.6%	0.0%	16.3%	0.0%	13.1%	100.0%	205,913	4,184	2,553
4.	@breakingnews Thought Leader	90.4%	75.9%	0.0%	32.3%	0.8%	74.8%	100.0%	2,015,392	269	36,352
5.	@claroronaldo Thought Leader	89.4%	75.1%	0.1%	5.7%	51.2%	65.1%	100.0%	900,891	180	15,255
6.	@MiamiHEAT Thought Leader	88.3%	66.7%	0.1%	8.8%	24.2%	87.9%	100.0%	63,398	31,528	1,866
7.	@JoeBudden Thought Leader	87.3%	75.3%	4.8%	24.5%	34.8%	75.0%	100.0%	138,538	193	2,767
8.	@MTV Thought Leader	87.1%	75.5%	10.3%	37.3%	15.0%	97.1%	100.0%	1,002,169	3,048	15,877
9.	@pecesiqueira Thought Leader	86.8%	73.9%	2.1%	27.2%	7.8%	30.4%	100.0%	444,008	348	12,267
10.	@yokoono Thought Leader	86.7%	72.3%	0.0%	2.4%	0.0%	61.1%	100.0%	1,097,743	462,222	24,942

Finden Sie heraus, wer auf Twitter einflussreich ist

Einflussreiche Personen auf Twitter zu finden scheint einfach zu sein. Sie schauen einfach, wem die meisten Twitterer folgen, oder? **Lassen Sie sich davon nicht täuschen!** Da Twitter neuen Benutzern automatisch Vorschläge macht, wem sie folgen könnten, und weil Leute das System austricksen können, sagt die Anzahl der Follower nur wenig über den Wert oder Einfluss eines Benutzers aus.

Die Twitter-Accounts mit den meisten Followern finden Sie beispielsweise über **Twitaholic** (http://twitaholic.com), aber welche Twitterer werden am häufigsten retweetet? Websites wie **RetweetRank** (http://www.retweetrank.com/) führen die meinungsführenden Twitterer auf und lassen Sie auch nach der Retweet-Rate jedes beliebigen Twitter-Users suchen.

Außerdem sollte man wissen, dass fast jeder wichtige Twitterer auch in den Empfehlungen für Neulinge auftaucht. Wenn Sie sich diese Benutzer bei **TwitterCounter** (http://twittercounter.com) ansehen, werden Sie einen starken Anstieg bemerken, sobald sie der offiziellen Liste hinzugefügt wurden. Ein Beispiel finden Sie unter http://twittercounter.com/timoreilly/all.

Einen differenzierteren Ansatz verfolgt der hier gezeigte Dienst **Twitalyzer** (http://twitalyzer.com/). Hierbei gehen die Zahl der Follower, die Menge der Retweets und andere Faktoren mit in die Analyse ein.

KAPITEL 3 | Interessante Gespräche führen

Viele Menschen entdecken Twitter und denken: „Dies ist der perfekte Ort, um der Welt von mir zu erzählen." Schließlich wird auf der Site gefragt: „Was gibt's Neues?"

Tatsächlich ist **Twitter weniger ein Einweg-Medium als eine Diskussionsplattform.** Das Geheimnis sozialer Medien besteht eigentlich darin, dass es hier nicht um Sie, Ihre Produkte oder Ihre Geschichte geht. Sie sollten sich vielmehr fragen, wie Sie einen Beitrag für die Communities leisten können, in denen Sie Mitglied sind. Wenn Sie einen positiven Eindruck machen wollen, sollten Sie überlegen, was Sie beisteuern können, anstatt an Ihren direkten Nutzen zu denken. Interessanterweise steigt der Wert eines sozialen Mediums für Sie, je mehr Sie sich engagieren.

In diesem und dem folgenden Kapitel stellen wir Ihnen Twitterer vor, die erfolgreich Gespräche führen, und zeigen, wie ihre Twitter-Gemeinschaft dadurch profitiert.

@Doooome
Ihr nennt mich Dome.

Auf manche Follower werde ich erst aufmerksam, wenn sie zu Unfollowern werden.

vor 35 Minuten via web ☆ Als Favorit markieren ⇄ Retweet ↰ Antworten

@DocTotte
Thorsten Michel

@Die_Mel Wir könnten hier einen Spendenaufruf machen: Jeder Follower soll Dir eine Flasche Wein schicken und Du prüfst, welcher es war. :DD

vor 41 Minuten via TweetDeck ☆ Als Favorit markieren ⇄ Retweet ↰ Antworten

Finden Sie gute Follower

Sie sind bestimmt nicht allein mit dem Wunsch, möglichst viele Twitter-Follower zu haben. Hierzu ein kleines Geheimnis: Wenige gute Follower sind viel wertvoller als eine Herde uninteressierter Leute. Angenommen, Sie twittern als Buchhalter über Steuertipps. Ist es dann sinnvoll, wenn von 1.000 Followern 999 Spambots und Totalverweigerer sind, die gar keine Steuererklärung abgeben?

Ein etwas praktischeres Beispiel: Als @timoreilly 30.000 Follower hatte, klickten ca. 2.000 davon auf jeden Link in einem Tweet (gemessen von Bit.ly, wie in Kapitel 1 und 6 beschrieben). Bei einer Viertelmillion Followern erhielt er dann etwa 4.000 Klicks pro Tweet. Die Lektion: Treue Leser, die Ihre Nachrichten von sich aus mitverfolgen, sind mehr wert als eine große Zahl zufälliger Follower.

Um gute Follower zu bekommen, sind drei Dinge wichtig:

1. **Wecken Sie das Interesse anderer.** Am besten steigern Sie Ihre Beliebtheit bei Twitter, indem Sie Meldungen schreiben, die andere Leute lesen, als Retweet verschicken oder auf die sie antworten wollen. In den folgenden Kapiteln finden Sie diverse Leute, die interessant und geistreich mit ihren 140 Zeichen umgehen.

2. **Nehmen Sie Kontakt mit anderen auf.** Kontaktieren Sie Personen, egal ob diese Ihnen folgen oder nicht. Die Leute mögen das. Zudem sehen diese Menschen bei einem Blick auf Ihre Profilseite, dass Sie eine freundliche, aufmerksame Person sind.

3. **Folgen Sie wichtigen Leuten.** Wenn Sie jemandem folgen, ist die Chance recht groß, dass diese Person auch Ihnen folgt. Benutzen Sie die Tipps aus Kapitel 2, um Twitterer zu finden, die gleiche Interessen haben, und folgen Sie ihnen. Das ist der erste Schritt im Aufbau einer Beziehung.

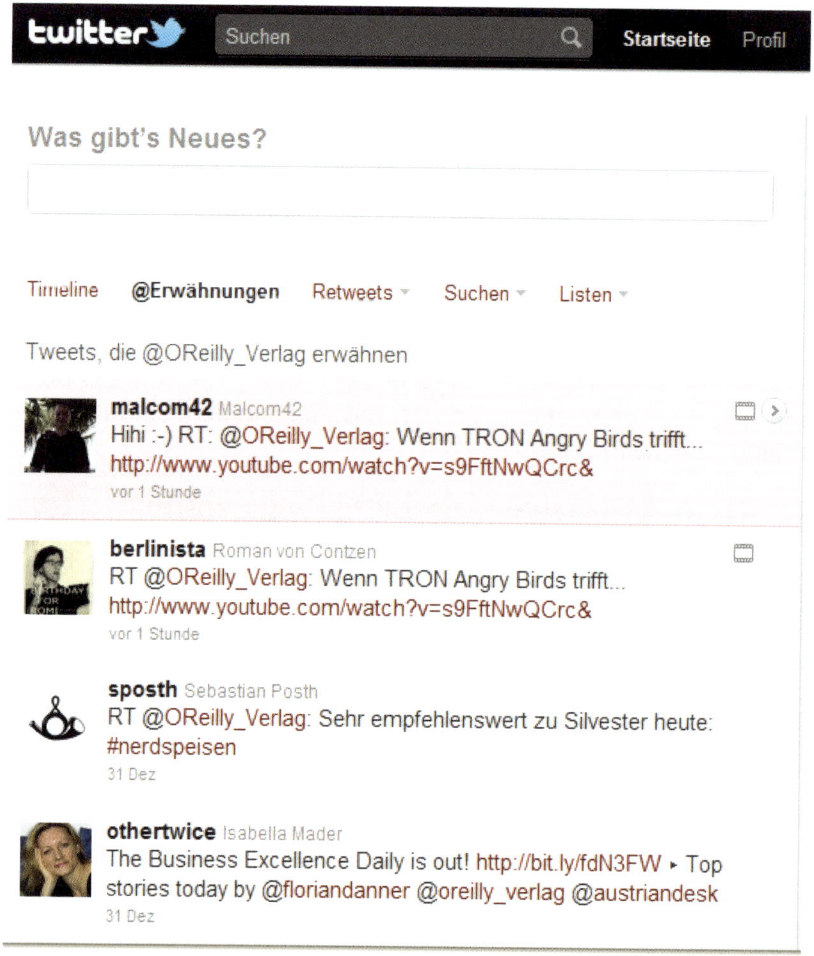
twitter
Suchen
Startseite
Profil
Was gibt's Neues?
Timeline
@Erwähnungen
Retweets
Suchen
Listen
Tweets, die @OReilly_Verlag erwähnen
malcom42 Malcom42
Hihi :-) RT: @OReilly_Verlag: Wenn TRON Angry Birds trifft...
http://www.youtube.com/watch?v=s9FftNwQCrc&
vor 1 Stunde
berlinista Roman von Contzen
RT @OReilly_Verlag: Wenn TRON Angry Birds trifft...
http://www.youtube.com/watch?v=s9FftNwQCrc&
vor 1 Stunde
sposth Sebastian Posth
RT @OReilly_Verlag: Sehr empfehlenswert zu Silvester heute:
#nerdspeisen
31 Dez
othertwice Isabella Mader
The Business Excellence Daily is out! http://bit.ly/fdN3FW ▸ Top
stories today by @floriandanner @oreilly_verlag @austriandesk
31 Dez

Beantworten Sie Ihre @Erwähnungen

Wie in Kapitel 1 erklärt wird, sind Nachrichten, die mit *@IhrBenutzername* beginnen, öffentliche Nachrichten an Sie. Manchmal handelt es sich einfach um ein freundliches „Hallo" oder eine Erwähnung, manchmal aber auch um eine Frage oder einen Kommentar. Auch wenn die **Erwartung einer Antwort bei Twitter-Nachrichten nicht so hoch ist wie bei E-Mails**, wird es gern gesehen, wenn Sie die meisten, wenn nicht alle @Erwähnungen beantworten (üblicherweise mit einer Nachricht, die mit *@DerenBenutzername* beginnt).

Leider kann es schwierig sein, Ihre @Erwähnungen zu *finden*. Wenn Sie ein Client-Programm verwenden (Kapitel 2), sehen Sie Meldungen vermutlich schon. Auf der Twitter-Website müssen Sie oben in der Leiste auf „Nachrichten" klicken, um Nachrichten anderer Twitterer an Sie und Erwähnungen Ihres Benutzernamens zu finden. Klicken Sie auf eine Nachricht, erscheint auf der rechten Seite ein Nachrichtenfeld. Nun nur noch ausfüllen, absenden, fertig!

Twitter-Tipp

Erhalten Sie von jemandem, den Sie nicht kennen, eine zufällige @Nachricht, die offensichtlich Werbung enthält, handelt es sich wahrscheinlich um Spam. Wir erklären später in diesem Kapitel, wie Sie diesen Missbrauch melden können.

@peternoster
Peter Schneider
Die neue EP von The Dø finde ich übrigens richtig døfte.
vor 19 Minuten via TweetDeck
Als Favorit markieren
Retweet
Antworten

Klare und elegante Retweets: Teil 1

Wie in Kapitel 1 beschrieben, **sind Retweets – also das erneute Verschicken nützlicher Nachrichten anderer – eine der besten Konventionen von Twitter.**

Retweets selbst zu erstellen ist nicht immer einfach. Was, wenn der Hinweis auf den Retweet die 140-Zeichen-Grenze überschreitet? Was, wenn Sie die Nachricht ändern wollen? Was, wenn Sie eigene Kommentare hinzufügen wollen?

Glücklicherweise gibt es keine Regel, nach der Sie das nicht dürfen. Noch besser: Wir geben Ihnen hier ein paar Richtlinien, damit Sie das Rad nicht immer neu erfinden müssen. Unserer Meinung nach sind die folgenden Beispiele ebenso klar wie elegant. Auf den folgenden Seiten finden Sie eine Anleitung zur Erstellung eigener Retweets.

Twitter-Tipp

Damit Ihre Nachrichten besser zu „retweeten" sind, sollten Sie **genug Platz lassen** für das obligatorische „RT @*IhrBenutzername*". So verwendet Sarah Milstein in Ihrem TweetReport maximal 125 Zeichen (140 – 15 für „RT @TweetReport").

twitter
Home Profile Find People Settings Help Sign out
GREAT rant by @dannysullivan: "Google's Love For Newspapers + How Little They Appreciate It" http://bit.ly/3EFVaq (via @brady)
12:05 AM Apr 7th from twhirl
SarahM
Sarah Milstein

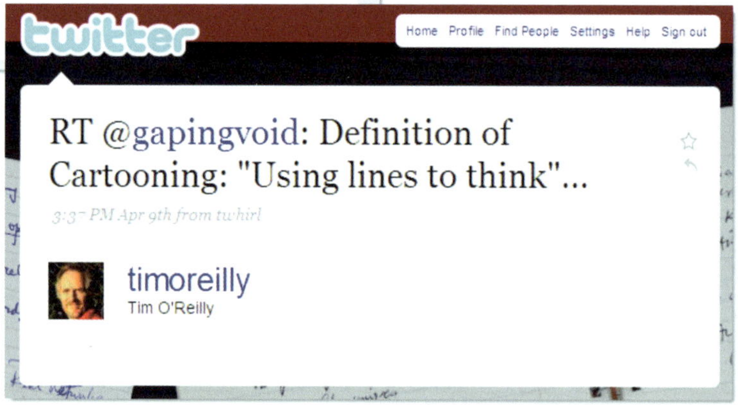
twitter
Home Profile Find People Settings Help Sign out
RT @gapingvoid: Definition of Cartooning: "Using lines to think"...
3:37 PM Apr 9th from twhirl
timoreilly
Tim O'Reilly

Klare und elegante Retweets: Teil 2

Prinzipiell gibt es zwei Möglichkeiten, interessante Tweets zu retweeten. Die erste besteht darin, einfach auf den Retweet-Button zu klicken. Dieser erscheint, wenn Sie mit dem Mauszeiger über den entsprechenden Tweet fahren. Sobald Sie darauf klicken, haben Sie den Tweet retweetet. Bei dieser Retweet-Möglichkeit können Sie aber keinen Einfluss auf den zu retweetenden Text nehmen.

Eine zweite Möglichkeit ist der „klassische" Retweet. Diese Möglichkeit stammt aus den Anfängen von Twitter, als es noch keinen Retweet-Button gab. Hier geben Sie den Retweet manuell ein und können den Text so verändern, wie Sie es möchten. Wie das am besten funktioniert, erfahren Sie auf den nächsten Seiten.

Twitter-Tipp

Häufig finden Sie in Tweets Zeichen wie diese: ♥☎☠☃✉☞©
Wenn Sie selbst diese Zeichen verwenden möchten, gehen Sie einfach zu http://thenextweb.com/TwitterKeys/keys.php. Dort markieren Sie ein Icon, kopieren es und fügen es in Ihren Tweet ein. So einfach geht das!

twitter
Home Profile Find People Settings Help Sign out
RT @ChronicleBooks: Too cute: The Very Hungry Caterpillar cupcakes (via @RainCoast books) http://ow.ly/1pEg
2 minutes ago from web
PatEx
Pat Example

twitter
Home Find People Help Sign out Search
Yay: Very Hungry Caterpillar cupcakes -- http://ow.ly/1pEg (via @jenbee @ChronicleBooks @RaincoastBooks)
about 5 hours ago from twhirl
SarahM
Sarah Milstein

Klare und elegante Retweets: Teil 3

Klassische Retweets finden meistens auf eine der zwei folgenden Arten statt:

1. „**RT** *@UrsprünglicherAutor* irgendein Inhalt http://irgendeinURL“ (RT steht für Retweet.)
2. „Irgendein Inhalt http://irgendeinURL (**via** *@UrsprünglicherAutor*)“

Am besten verwenden Sie die Formulierung „RT“, wenn Sie eine Nachricht wörtlich weiterschicken wollen, und „via“, wenn Sie die Nachricht neu formuliert haben. Noch besser ist es allerdings, wenn Sie **die Nachricht so klar wie möglich formulieren und dann einen Weg finden, den ursprünglichen Autor zu würdigen.**

Hier sehen Sie die ursprüngliche Nachricht von PatEx, selbst ein Retweet, die etwas komplex wird. In ihrem Retweet vereinfacht Sarah die Nachricht, fügt ihren eigenen Kommentar („Yay“) hinzu und erweitert schließlich die Liste der Würdigungen am Ende.

Twitter-Tipp

Sehen Sie, wie der Retweet den ursprünglichen verkürzten URL beibehalten hat? Dies gehört zum guten Ton bei Twitter, da der ursprüngliche Autor den URL-Verkürzungsdienst vermutlich zum Mitverfolgen der Klicks benutzt.

@timoreilly
Tim O'Reilly

RT @arwenogriffith Fantastic article highlighting each generation's shrinking roaming radius: http://snurl.com/10e5bo

20 Dez via Seesmic Desktop Als Favorit markieren

@timoreilly
Tim O'Reilly

Beautiful infographic from @cliffkuang: the Facebook map of the world. http://bit.ly/hnCkVm He's right. FB should do more with this data

16 Dez via Seesmic Desktop Als Favorit markieren Retweet Antworten

@timoreilly
Tim O'Reilly

Clever, QR Codes built with legos, as a promotion for German toy store http://bit.ly/i165qX video http://bit.ly/fITsV9 via @laurelatoreilly

10 Feb. via Seesmic Desktop Als Favorit markieren Retweet Antworten

Wann via besser ist als RT

Retweets können Fluch und Segen zugleich sein. Sie können helfen, wichtige Nachrichten sehr schnell zu verbreiten. Gleichzeitig wird Ihr Twitter-Feed dadurch aber auch schnell zu einem lauten Strom immer gleicher Aktualisierungen.

Das Problem ist, dass Twitter und besonders Twitter-Clients von Drittherstellern das Verschicken von Retweets viel zu leicht machen. Sie wollen etwas weitergeben? Klicken Sie einfach auf den RT-Button in Twhirl oder Tweetdeck, und der Tweet wird verschickt.

Hoppla. Obwohl der Retweet genug „Fleisch" hat, wäre er vielleicht besser gewesen, wenn Sie **sich die Zeit genommen hätten, zu sagen, warum Sie den Link für wichtig halten.** (Natürlich wollen Sie zumindest sagen, von wem der ursprüngliche Link stammt.)

Nehmen Sie sich vor dem Schicken eines Retweets lieber etwas Zeit, und schreiben Sie einen kleinen Hinweis, warum dieser Link für Sie wichtig ist. Dann benutzen Sie „via", um der Welt zu sagen, woher der Link ursprünglich stammt. („Via" ist ebenfalls eine gute Möglichkeit, um Quellen von Links zu würdigen, die nicht bei Twitter liegen.)

Idealerweise benutzen Sie wörtliche Retweets nur, wenn die ursprüngliche Formulierung wichtig ist. Ein unveränderter Retweet sollte den Charakter des ursprünglichen Autors wiedergeben, nicht nur einen Link.

Das gilt natürlich nicht, wenn Ihre Nachrichten so heiß sind, dass Sie sie weitergeben müssen, bevor Ihre Tastatur Feuer fängt.

twitter
Home Profile Find People Settings Help Sign out
Gotta agree w/@hotdogsladies: 'Organizing' your email is like alphabetizing your recycling.
3:50 PM Apr 6th from twhirl
SarahM
Sarah Milstein

twitter
Home Profile Find People Settings Help Sign out
RT @sengseng: @robotchampion i tell my niece "you are so weird" and she replies "i know. that's why i'm awesome. who wants to be normal?"
about 20 hours ago from twhirl
timoreilly
Tim O'Reilly

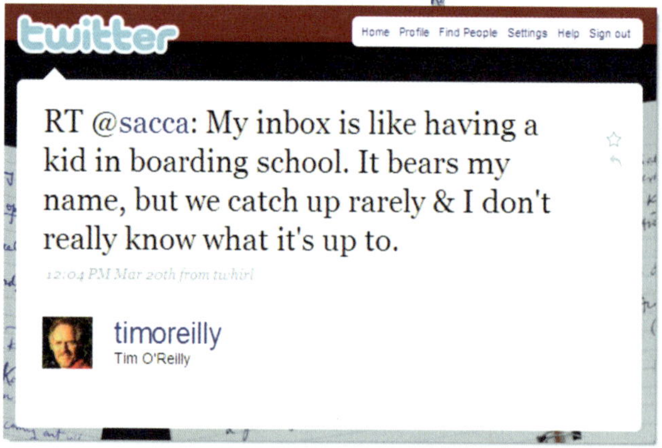
twitter
Home Profile Find People Settings Help Sign out
RT @sacca: My inbox is like having a kid in boarding school. It bears my name, but we catch up rarely & I don't really know what it's up to.
12:04 PM Mar 20th from twhirl
timoreilly
Tim O'Reilly

Was ist einen Retweet wert?

Sie fragen sich, was Sie per Retweet schicken sollen? Der Social Media-Experte Dan Zarrella (@danzarrella) hat vier Arten von Nachrichten ermittelt, die häufig per Retweet weitergeleitet werden:

1. **Howtos,** Anleitungen und hilfreiche Videos

2. **Nachrichten,** besonders Eilmeldungen

3. **Warnungen** (z.B. zu einem Betrug oder einem neuen Virus)

4. **Kostenloses und Wettbewerbe**

Das lässt sich leicht mit etwas gesundem Menschenverstand auch herausbekommen. **Aber Twitter ist auch ein großartiges Medium für geistreiche Bemerkungen. Es lohnt sich durchaus, einen guten Ausspruch per Retweet weiterzuverbreiten.** Sie sehen hier einige unserer Favoriten. Weitere finden Sie unter http://radar.oreilly.com/2008/09/twitter-epigrams-and-repartee.html.

@timoreilly
Tim O'Reilly
Good one! RT @noneck This is a MUST read #Gov20 article. Michael Ravnitzky's The Postman Always Pings Twice - http://nyti.ms/hQ8Kli
18 Dez via Seesmic Desktop
Als Favorit markieren
Retweet
Antworten

twitter
Home Profile Find People Settings Help Sign out
RT @xenijardin Doctor Popular is on our live stream right now doing yo yo tricks!!!! http://offworld.com/gdc09 [So cool!]
less than 10 seconds ago from web
PatEx
Pat Example

Retweet-Fehlersuche

Damit Ihre **Retweets verlässlich funktionieren,** finden Sie hier eine FAQ für RTs.

1. **Was passiert, wenn durch die Retweet-Informationen das 140-Zeichen-Limit überschritten wird?** Sie dürfen Nachrichten kürzen oder neu schreiben. Wenn Sie die Meldung stark verändern, ist die auf der vorigen Seite beschriebene via-Schreibweise vermutlich besser geeignet als die RT-Form.

2. **Was tue ich, um meinen eigenen Kommentar hinzuzufügen?** Links sehen Sie zwei einfache Methoden: 1. @PatEx fügt *nach* dem kompletten RT ihren Kommentar hinzu. @PatEx benutzt eckige Klammern, um ihren Kommentar zu markieren. Manchmal benutzen die Leute auch eine Reihe von Schrägstrichen, um den gleichen Effekt zu erzielen. 2. Tim fügt seinen Kommentar *vor* dem RT ein.

3. **Kann ich den URL verändern, damit er kürzer wird oder ich die Klicks nachverfolgen kann?** Da die ursprünglichen Twitterer möglicherweise selbst versuchen, die Klicks des geposteten URLs zu verfolgen, ist es besser, den URL nicht zu verändern. Falls doch, ist das aber nicht besonders tragisch.

4. **Kann ich einige Leute weglassen, wenn die Liste der vorigen Retweeter zu lang wird?** Ja. Idealerweise sollten die erste und die letzte Person in der Reihe der Retweeter aber immer erwähnt werden (RT *@ursprünglicherAutor* via *@letzterRetweeter*).

@nerotunes
NERO

Berlin, nen kleinen Happen essen, nur wo? #entdeckedieMöglichkeiten

vor 4 Minuten via Osfoora for iPhone ☆ Als Favorit markieren

@ScreenOrigami
Sandra Kollmeyer

@nerotunes „Rote Harfe“, Oranienplatz (Kreuzberg)

vor 4 Minuten via web ☆ Als Favorit markieren Retweet Antworten

@textzicke
Die m. d. Text zickt

Gibt es ein Schmerzzeugs, das NICHT gleichzeitig Fieber senkt? Ich frage für einen grässlichen Gliederschmerzpoperz.

vor 2 Stunden via Twitter for iPhone ☆ Als Favorit markieren

@MissBristow
Barbara

@textzicke Gibt es, aber auf Morphinbasis, also nicht frei verkäuflich. Die "üblichen" machen beides.

vor 1 Stunde via Twitter for iPhone ☆ Als Favorit markieren Retweet Antworten

Stellen Sie Fragen

Wer kennt einen guten Italiener in Köln? Wo kann man nach der CeBIT gut feiern gehen?

Welches Smartphone hat die beste Akkulaufzeit? Welcher Wein passt am besten zu Tofu-Parmesankäse?

Twitter ist eine Frage-und-Antwort-Maschine. Stellen Sie einfach eine Frage. Andere helfen gerne, und Twitter ermöglicht einfache Antworten durch die Beschränkung auf ein bis zwei Sätze. Oft bekommen Sie schon bei einer Handvoll Followern eine Antwort (wenn auch nicht immer). Twitterer geben ihr Wissen gern weiter.

Wenn Sie es etwas formeller mögen und auch andere Leute als Ihre Follower erreichen wollen, versuchen Sie es mal mit **TweetBrain** (http://tweetbrain.com), einem von Twitter gespeisten Frage-und-Antwort-Dienst.

Twitter-Tipp

Als richtig guter Twitter-Bürger stellen Sie nicht einfach eine Frage, sondern stellen die besten Antworten als Retweet zur Verfügung. Wie Sie hier sehen, ist es leicht, den Kreis zu schließen und Twitter dadurch wertvoller für alle zu machen.

@sladade
Stefan Lüders

@fasnix Geht er noch aus? Hast du noch eine Disc im Laufwerk?

vor 34 Minuten via Twitter for iPhone ☆ Als Favorit markieren ⇄ Retweet ↰ Antworten

@sladade
Stefan Lüders

@fasnix nochmal ausschalten und einschalten?

vor 28 Minuten via Twitter for iPhone ☆ Als Favorit markieren ⇄ Retweet ↰ Antworten

Beantworten Sie Fragen

Twitterer, denen Sie folgen, fragen sich vielleicht, wo es in Rom den besten Espresso gibt, wie sie ihre Katzen davon abhalten können, auf Tische zu springen, oder ob PowerPoint-Folien auch in der Portrait-Ansicht dargestellt werden können. Wenn Sie etwas wissen, zögern Sie nicht, eine freundliche @Antwort abzusetzen.

Wenn Sie Ihre Antwort-Frequenz erhöhen wollen, halten Sie bei http://search.twitter.com ein Auge auf Stichwörter in Fragen, die Sie vielleicht beantworten können. (Wie in Kapitel 2 erklärt wurde, können Sie mit der erweiterten Twitter-Suche nach Leuten suchen, die Fragen stellen.) Sind Sie z.B. Motorradmechaniker, lohnt sich vielleicht eine Suche nach „Harley", „Yamaha" und vielleicht „Problem". Zwar sollten Sie sich fremden Leuten einfühlsam nähern, dennoch **kann die Weitergabe guter Informationen auf Twitter Ihnen helfen, sich einen guten Ruf zu erarbeiten.**

Twitter-Tipp

Haben Sie ein örtliches Unternehmen und suchen nach Aufträgen, können Sie die erweiterte Suche auf Twitter benutzen, um Leute in Ihrer Gegend zu finden, die Fragen stellen, die Sie beantworten können.

@OReilly_Verlag
OReilly_Verlag

@HeikoPh Danke, ebenso einen guten Rutsch!

31 Dez via TweetDeck ☆ Als Favorit markieren ↰ Antworten 🗑 Löschen

@OReilly_Verlag
OReilly_Verlag

Das freut uns! RT @old_nobody Der wunderbare @OReilly_Verlag hat was für die @Dingfabrik gespendet. Vielen Dank ! http://bit.ly/eft7zd

7 Dez via web ☆ Als Favorit markieren ↰ Antworten 🗑 Löschen

markusteschner Markus Teschner
Beginn des Aufbaus der Global Ignite #Nürnberg, danke @OReilly_Verlag für die Preise des Contest! #ignue #giw http://yfrog.com/gyhaedij
10 Feb.

in Antwort auf ↑

@OReilly_Verlag
OReilly_Verlag

@markusteschner gern geschehen! Viel Erfolg heute abend bei #ignue!

10 Feb. via web ☆ Als Favorit markieren ↰ Antworten 🗑 Löschen

Sinnvolle @Antworten geben

@Antworten wie diese gibt es täglich zu sehen:

„Hoffentlich nicht."

„Sie ist mein Lieblingsstar!"

„Sind wir das nicht alle?"

„Verschwendet euer Geld nicht damit, den von ihm verbreiteten Müll zu lesen!"

„Wow."

Das Problem liegt darin, dass Twitter dem Antwortenden keine Möglichkeit gibt, zu sagen, auf welche @Nachricht er antwortet. Manchmal schicken Sie eine @Antwort direkt, nachdem ein Update erscheint. Dann stehen die Chancen gut, dass die Antwort richtig zugeordnet wird. Befindet sich der ursprüngliche Autor aber inmitten eines Stroms von Twitter-Meldungen, reicht Zeitnähe allein nicht mehr aus.

Damit die übrigen Mit-Twitterer wissen, wovon Sie sprechen, sollten Sie es machen wie wir (@OReilly_Verlag) es in diesen Beispielen getan haben. Sorgen Sie zumindest für etwas Kontext.

twitter
Home Profile Find People Settings Help Sign out
@SarahM: what's with the rapid tweeting?
11:28 AM Feb 20th from txt
kati
Kati
twitter
Home Find People Help Sign out Search
Between @timoreilly and @SarahM, I'm not missing a minute of Web 2.0 Summit.
bgreenlee
Brad Greenlee
twitter
Home Find People Help Sign out Search
@SarahM: Thanks for tweeting Obama campaign discussion; really interesting.
12:05 PM Feb 20th from web
saragoldstein

Twittern Sie oft, aber nicht zu oft

Twitter-Neulinge stellen oft die Frage: „Wie oft soll ich twittern?" (Diese Frage ist selbst bei Twitter-Profis nicht unumstritten.) Wie bei den meisten Dingen in Twitter gibt es auch hier keine allgemeingültige Antwort. **Aber es gibt einen Durchschnittswert für Tweets, die alle Twitterer täglich absondern:** ca. 4,22 pro Person pro Tag. Das ist ein recht guter Richtwert. Um Beziehungen zu knüpfen und sich einen positiven Ruf bei Twitter zu bewahren, sollten Sie zumindest ein paarmal pro Woche twittern, vielleicht sogar täglich.

Allerdings gibt es auch berühmte Twitterer wie Robert Scoble (@scobleizer) und Guy Kawasaki (@guykawasaki), die mehrere Dutzend Mal täglich twittern. Der Social Media-Experte Dan Zarrella (@danzarrella) hat festgestellt, das 22 Tweets pro Tag die meisten Follower anziehen.

Die Lehre daraus? Beginnen Sie, wie es Ihnen gefällt, und passen Sie die Zahl nach und nach an Ihre Bedürfnisse an.

Twitter-Tipp

Wenn Sie als durchschnittlicher Twitterer plötzlich extrem viele Meldungen absetzen (z. B. von einer Konferenz, siehe Kapitel 8), wird das einige Follower sehr freuen, andere werden eher abgeschreckt. Nebenan finden Sie verschiedene Reaktionen auf unsere Live-Tweets von verschiedenen Veranstaltungen.

[20:43:30] JOHNABYRNE: If you put the video in your most highly trafficked stories and you make sure it's not redundant, you integrate it all. #editorchat

[20:43:39] milehighfool: A tip for tweeps using TweetDeck or another client. You can also filter @colorsign if you prefer. #editorchat

[20:43:42] littlebrownpen: @jimmcbee A lot of the tough questions come from the community. The community holds you accountable to an extent. #editorchat

[20:43:54] ATLCheap: Jennifer Maciejewski, Atlanta-based writer & blogger. Interesting discussion so far; look forward to catching up & jumping in. #editorchat

[20:44:02] wolfemanmatt: RT @JOHNABYRNE We're trying to integrate video with text, placing complementary videos inside stories to change user experience. #editorchat

[20:44:10] JOHNABYRNE: We've been able to quadruple the monthly video streams with this new strategy with no increase in resources & fewer videos. #editorchat

Drei coole Hashtag-Tricks

In Kapitel 1 beschreiben wir Hashtags zum Kategorisieren von Nachrichten. Das macht sie zu einem wichtigen Element der Twitter-Konversationen. Sobald Sie die Funktionsweise verstanden haben, können Sie sie für **die unterschiedlichsten Zwecke einsetzen.** Hier ein paar unserer bevorzugten Anwendungsmöglichkeiten:

1. **Gruppen-Chats.** Wollen Sie eine Diskussion mit mehreren Leuten führen, die sich nicht am gleichen Ort aufhalten? Vereinbaren Sie ein Hashtag und eine bestimmte Uhrzeit für den Chat. Sagen Sie in der entsprechenden Community Bescheid. Verwenden Sie ein Werkzeug wie **TweetGrid** (http://tweetgrid.com) oder **TweetChat** (http://tweetchat.com), um die Konversation mitzuverfolgen und zu moderieren. (Wichtig: Bei Hashtags wird nicht zwischen Groß- und Kleinschreibung unterschieden.)

   Hier sehen Sie eine Mitschrift für #EditorChat mit dem Herausgeber von BusinessWeek.com, John Byrne (@JohnAByrne). Obwohl die Konversation hier etwas unzusammenhängend wirkt, entwickelt sich dieses Forum zu einem wichtigen Ort zum Netzwerken und für den Informationsaustausch.

2. **Sammeln Sie Ideen.** Stellen Sie eine Frage auf Twitter („Was ist dein Lieblingsroman in diesem Jahr?"), und denken Sie sich ein Hashtag für den Austausch der Antworten aus (z.B. #roman2011).

3. **Geben Sie Erfahrungen weiter.** Lieben Sie „Deutschland sucht den Superstar"? Sind Sie unzufrieden mit dem letzten Hollywood-Blockbuster? Hat gerade der Boden gewackelt? Geben Sie den Dingen ein Hashtag (#dsds, #007, #Erdbeben). Für Ereignisse, die viele Menschen betreffen, gibt es sicher schon ein passendes Hashtag. Die Twitter-Suche hilft.

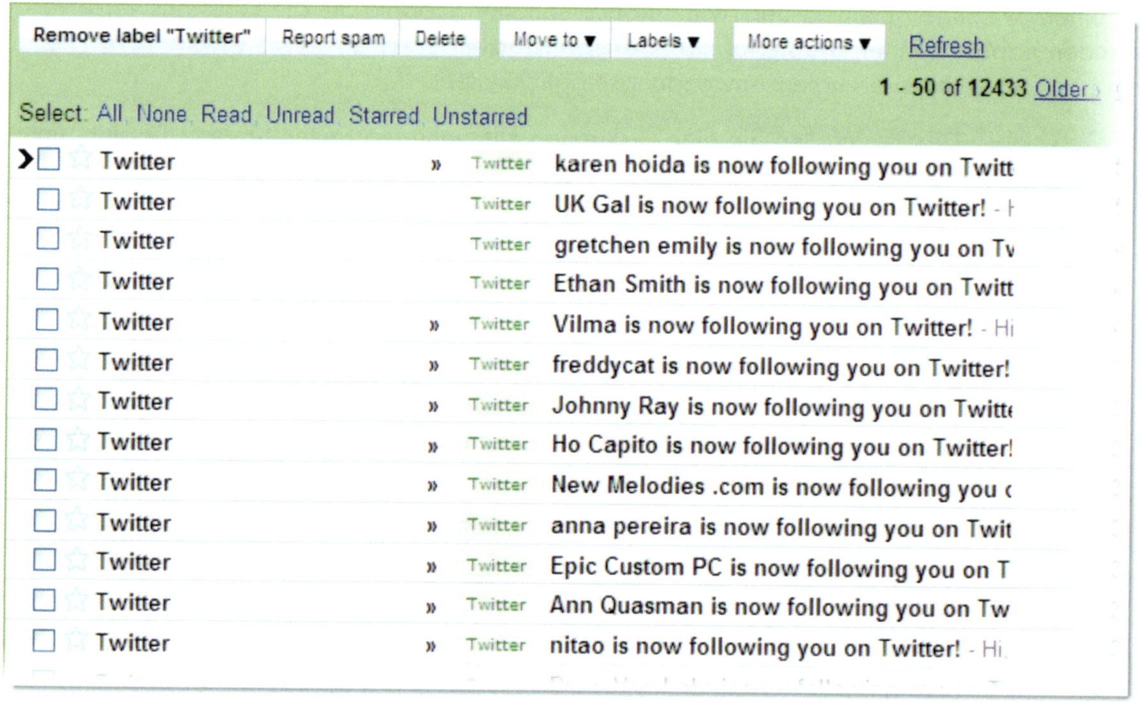
Remove label "Twitter"
Report spam
Delete
Move to ▾
Labels ▾
More actions ▾
Refresh
1 - 50 of 12433 Older
Select: All, None, Read, Unread, Starred, Unstarred
Twitter » Twitter karen hoida is now following you on Twitt
Twitter Twitter UK Gal is now following you on Twitter!
Twitter Twitter gretchen emily is now following you on Tv
Twitter Twitter Ethan Smith is now following you on Twitt
Twitter » Twitter Vilma is now following you on Twitter! - Hi
Twitter » Twitter freddycat is now following you on Twitter!
Twitter » Twitter Johnny Ray is now following you on Twitt
Twitter » Twitter Ho Capito is now following you on Twitter!
Twitter » Twitter New Melodies .com is now following you
Twitter » Twitter anna pereira is now following you on Twit
Twitter » Twitter Epic Custom PC is now following you on T
Twitter » Twitter Ann Quasman is now following you on Tw
Twitter » Twitter nitao is now following you on Twitter! - Hi

Lernen Sie Ihre Follower kennen

Standardmäßig erhalten Sie eine E-Mail, wenn Ihnen bei Twitter jemand folgt. Wenn Sie diese Unterbrechungen nicht mögen, erstellen Sie einen E-Mail-Ordner und -Filter, in dem sich diese Nachrichten sammeln können, ohne Sie zu stören. Gelegentlich können Sie einen Blick auf die Liste werfen, die in etwa so aussieht wie nebenan, um zu sehen, **wem Sie vielleicht folgen oder „Hallo" sagen wollen.**

Leider enthalten die E-Mail-Benachrichtigungen von Twitter nicht viele Informationen. Sie müssen also auf den entsprechenden Link klicken. Mehr Informationen erhalten Sie mit **Twimailer** (http://twimailer.com). Hier werden das Profil des Followers und die letzten paar Tweets gleich mitgeschickt. (Allerdings müssen Sie hierfür Ihre bei Twitter hinterlegte E-Mail-Adresse gegen eine von Twimailer bereitgestellte Adresse austauschen, was viele Leute problematisch finden.

Twitter-Tipp

Wenn Sie keine E-Mail-Nachrichten über neue Follower von Twitter erhalten wollen, können Sie dieses Feature unter Einstellungen → Benachrichtigungen abschalten.

FRIEND or FOLLOW
Connect with Twitter
@oreilly_verlag
OReilly_Verlag, Cologne
German subsidiary of O'Reilly Media, Inc. - es twittern: Nathalie Pelz und das O'Reilly-Team
O'REILLY
following
fans
freunde
Lowfoot Inc.
The Lowfoot concept is simple. Join Free. Conserve Energy. Get Paid. We tweet about #Energy #Conservation, #SmartGrid and #Green in that order.
lowfoot
Get more followers with Featured Users.
Freunde
Daten im CSV-Format exportieren
These 2286 people are following @OReilly_Verlag, and @OReilly_Verlag's following them back. [twitter das mal]
If you like @FriendOrFollow please tweet about us.
Diese Arten von Nutzern anzeigen
Geschützt
Bestätigt
Normal
Sortieren nach
Benutzername
1 | 2 | 3 | 4 | 5 | 6 | 7 | 8 | 9 | next »

Werkzeuge, mit denen Sie mehr über Ihre Follower erfahren

Man verliert leicht den Überblick über seine Follower oder auch darüber, wem man selbst folgt. Diese Werkzeuge helfen Ihnen, den **Überblick über Ihr Netzwerk zu behalten:**

1. Wenn Sie sich fragen, ob ein Mensch einem anderen folgt, können Sie dies per **DoesFollow** (http://doesfollow.com) leicht überprüfen.
2. Um alle Leute, denen Sie folgen, Ihre Fans (Followers) und Freunde (gegenseitige Follower) zu sehen, versuchen Sie es mal mit **FriendOrFollow** (http://friendorfollow.com).

Twitter-Tipp

Wenn Sie die Follower von zwei oder mehr Benutzerkonten vergleichen wollen, kann Ihnen das in Kapitel 6 beschriebene **TweepDiff** (http://tweepdiff.com) helfen.

twitter
Home Find People Help Sign out Search
@TweetReport One of my reasons for unfollowing: too many tweets, either unconnected or long-winded serial tweets.
11:13 AM Mar 9th from web in reply to TweetReport

Das Following höflich beenden

Es gibt keine Regel, die besagt, dass Sie jemandem für immer folgen müssen. Ein sehr nützliches Merkmal von Twitter besteht eigentlich darin, dass **Sie jemandem eine Zeit lang folgen, einen Eindruck von dessen Universum bekommen und Ihr Following dann wieder beenden können.** Danach können Sie der nächsten Person für eine Weile zuhören.

Twitter selbst sagt es nicht weiter, wenn Sie Ihr Following für jemanden beenden. In den meisten Fällen merkt die Person nicht einmal etwas davon. Vielleicht fragen Sie sich, ob Sie der Person Bescheid sagen sollten. Vermutlich eher nicht. Wahrscheinlich verlassen Sie einen Twitterer aus den gleichen Gründen, für die andere ihn lieben. (Sarah betreibt @TweetReport und erhielt eines Tages diese charmante Mitteilung, während andere Leute um mehr Meldungen baten.)

Um das Following für eine bestimmte Person zu beenden, gehen Sie zum betreffenden Benutzerkonto. Fahren Sie mit dem Mauszeiger über den grünen Button mit der Beschriftung „Folge ich". Dann erscheint ein roter „Entfolgen"-Button. Klicken Sie auf ihn, und schon folgen Sie dem Twitterer nicht mehr.

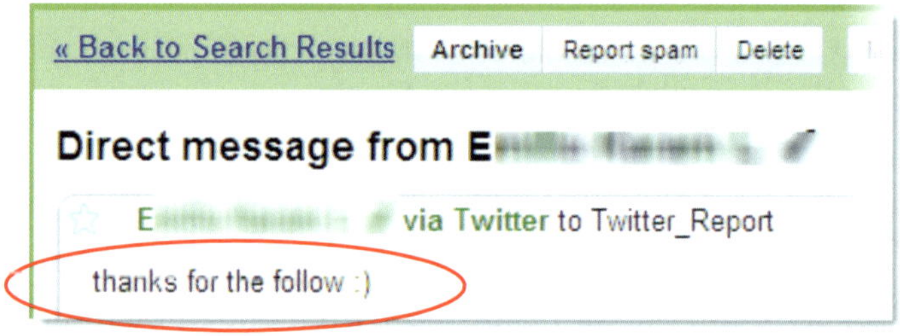
« Back to Search Results
Archive
Report spam
Delete
Direct message from E
E via Twitter to Twitter_Report
thanks for the follow :)

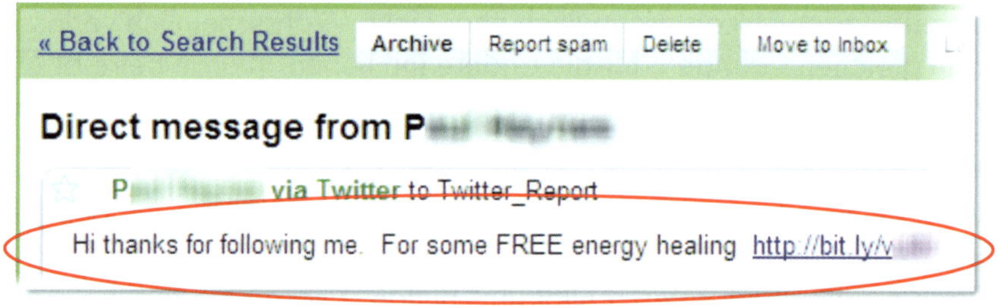
« Back to Search Results
Archive
Report spam
Delete
Move to Inbox
Direct message from P
P via Twitter to Twitter_Report
Hi thanks for following me. For some FREE energy healing http://bit.ly/v

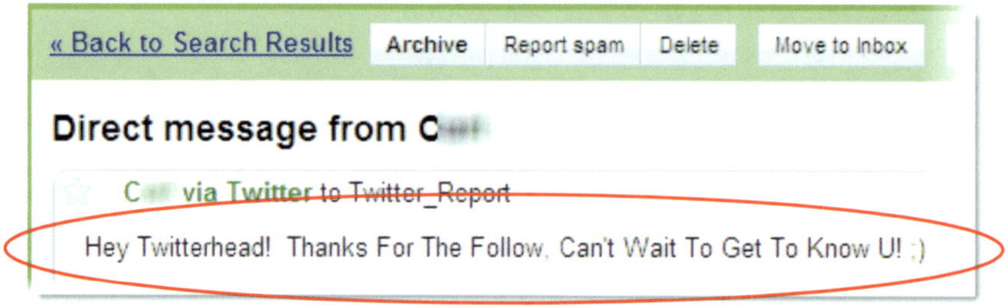
« Back to Search Results
Archive
Report spam
Delete
Move to Inbox
Direct message from C
C via Twitter to Twitter_Report
Hey Twitterhead! Thanks For The Follow. Can't Wait To Get To Know U! :)

Schicken Sie keinesfalls automatische Direktmitteilungen

Angenommen, Sie reden während einer Konferenz noch kurz mit ein paar Leuten, bevor der nächste Vortrag losgeht. Plötzlich brüllt jemand quer durch den Raum: „Nett, Sie hier zu treffen! Weitere Informationen über mich und meine Beratungsfirma finden Sie unter www.iampushy.com." Von der anderen Seite tönt es: „Danke, dass Sie im gleichen Raum sind! Ich kann es nicht erwarten, Sie kennenzulernen!"

Wahrscheinlich empfinden Sie diese Art der Vorstellung als ziemlich aufdringlich. Es ist eher unwahrscheinlich, dass solch eine Vorstellung zu einem fruchtbaren Austausch führt.

Automatische DMs (Direktmitteilungen), die von manchen Leuten verschickt werden, wenn Sie ihnen folgen, funktionieren genauso: Sie sind unpersönlich, störend und sind so gut wie nie Auslöser für eine gute Konversation. **Automatische DMs klingen eher wie Spam – und genau das sind sie auch.**

Sehen Sie sich diese drei Beispiele gut an: Können Sie sich vorstellen, dass die Empfängerin sich darüber gefreut hat? (Hat sie nicht.)

Wenn Sie sich bei einem neuen Follower bedanken wollen, versuchen Sie vorher herauszufinden, was Sie gemeinsam haben, und schicken Sie eine persönliche Nachricht.

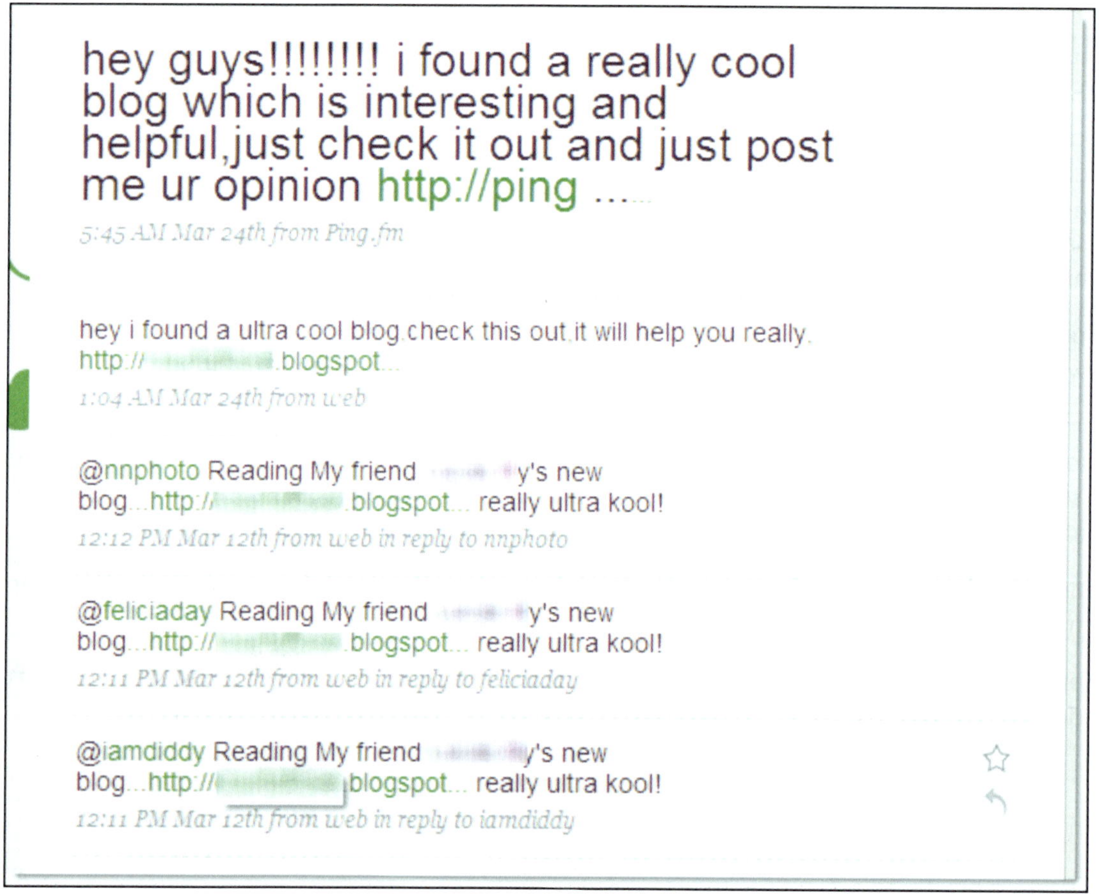

hey guys!!!!!!!! i found a really cool blog which is interesting and helpful,just check it out and just post me ur opinion http://ping ......

5:45 AM Mar 24th from Ping.fm

hey i found a ultra cool blog.check this out.it will help you really. http:// .blogspot...

1:04 AM Mar 24th from web

@nnphoto Reading My friend y's new blog...http:// .blogspot... really ultra kool!

12:12 PM Mar 12th from web in reply to nnphoto

@feliciaday Reading My friend y's new blog...http:// .blogspot... really ultra kool!

12:11 PM Mar 12th from web in reply to feliciaday

@iamdiddy Reading My friend y's new blog...http:// .blogspot... really ultra kool!

12:11 PM Mar 12th from web in reply to iamdiddy

Verschicken Sie keinen Spam

Denken Sie daran, dass Twitter ein abonnement-basiertes Medium ist. **Sind Sie unfreundlich oder wirken Sie auch nur annähernd wie ein Spammer, werden andere Ihnen nicht mehr folgen** bzw. sie folgen Ihnen gar nicht erst. (Die anderen können Sie auch blockieren und beantragen, dass Sie ganz von Twitter ausgeschlossen werden, worüber wir auf der nächsten Seite sprechen.) Auf Twitter bekämpft Spam sich selbst.

Wie gerade erwähnt, sind automatische DMs auch eine Form von Spam. Einige andere Arten, zu twittern, lassen sich ebenfalls als Spam bezeichnen und sollten auf jeden Fall vermieden werden.

Das sollte eigentlich klar sein: Wenn Sie Leuten DMs schicken, um etwas zu verkaufen, gilt das als Spam. Belügen Sie sich auch nicht selbst, indem Sie sagen, Rabatte oder Gratisgeschenke seien echte Nachrichten. Als Faustregel gilt: Wenn Sie versucht sind, einer Reihe von Unbekannten DMs zu schicken, können Sie leicht zum Spammer werden.

Das Gleiche gilt für @Nachrichten. Wenn Sie @Nachrichten an Leute schicken, die Sie nicht kennen und Ihre Mitteilung nichts mit einer Nachricht des Empfängers oder dessen Sachkenntnis zu tun hat, können Sie ebenso leicht als Spammer betrachtet werden.

Ebenso wie bei E-Mails gilt auch hier: Wenn Ihre zweifelhaften Nachrichten Links enthalten, ist es wahrscheinlicher, dass andere Ihre Meldungen als Spam betrachten.

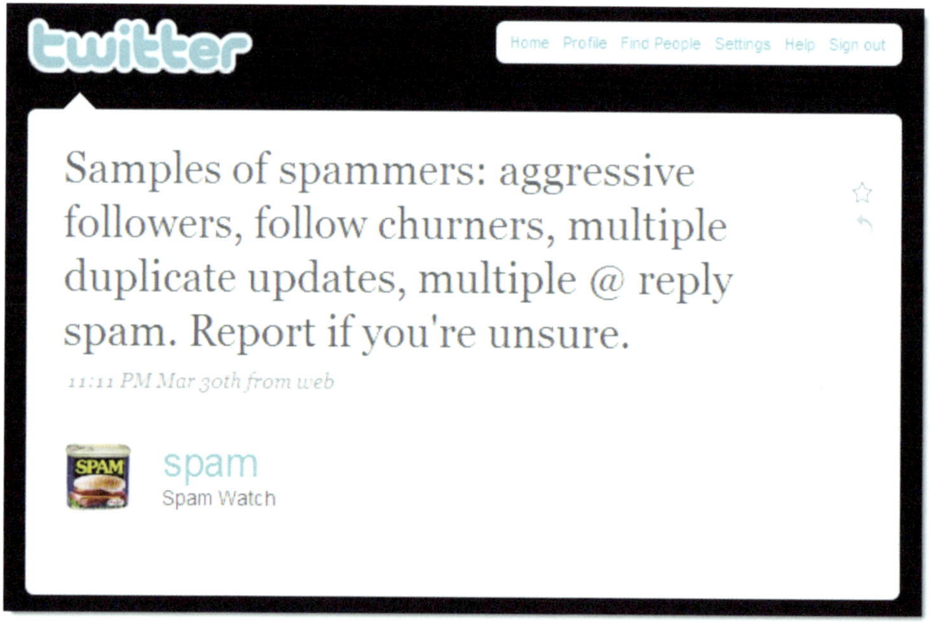
twitter
Home Profile Find People Settings Help Sign out
Samples of spammers: aggressive followers, follow churners, multiple duplicate updates, multiple @ reply spam. Report if you're unsure.
11:11 PM Mar 30th from web
SPAM
spam
Spam Watch

Bekämpfen Sie Spam

Der Experte für Internetkultur Clay Shirky (@cshirky) hat einmal gesagt, dass soziale Systeme, in denen online kommuniziert wird, „Räume sind, die gespammt werden". Twitter ist da keine Ausnahme.

Twitter-Spam hat zwei Hauptformen: Zufällige @Nachrichten und zufällige direkte Mitteilungen (DMs). Wenn Sie von einem Unbekannten eine @Nachricht mit einem Link bekommen, mit dem Sie sich „besser fühlen", oder eine DM, die Ihnen unendliches Glück verspricht, wurden Sie gespammt. Und so können Sie dagegen vorgehen:

Folgen Sie dem @spam-Account von Twitter, http://twitter.com/spam. Wenn @spam auch Ihnen folgt (das passiert meist sofort), können Sie ihm per DM die Namen der Accounts schicken, von denen Sie Spam erhalten. Twitter wird sich darum kümmern, aber Sie erhalten keine Antwort. (Wenn Sie Hilfe mit einem Problem brauchen, das nichts mit Spam zu tun hat, z.B. weil sich jemand nicht an die Richtlinien hält oder sich für jemand anderen ausgibt, können Sie eine E-Mail an spam@twitter.com schicken. Vergessen Sie nicht, die Details des betreffenden Tweets mitzuschicken.)

Blockieren Sie den Spammer. Gehen Sie einfach zur Account-Seite des Spammers, und suchen Sie auf der rechten Seite nach dem Button mit dem Werkzeugrad. Dort können Sie den Nutzer blockieren – und auch als Spammer melden. Wenn Sie einen Account blockieren, kann dieser Ihnen weder Nachrichten schicken noch Ihre Meldungen sehen. Außerdem hat Twitter ein Auge auf blockierte Accounts, um zu sehen, ob es sich um Spam handelt.

Hören Sie auf, dem Spammer zu folgen. Wenn Sie einem Spammer-Account folgen, ist jetzt der richtige Moment, damit aufzuhören. Gehen Sie zur Benutzerseite des Spammers, und fahren Sie mit Ihrem Mauszeiger über den grünen „Folge ich"-Button. Sofort erscheint der rote „Entfolgen"-Button. Ein Klick darauf genügt, um den Spammer zu entfolgen.

home | contact us | Questions? support offline
twtvite
Logged in as @OReilly_Verlag | my twtvite | search | pricing | support/faq | Log out
Schedule a Tweetup
Add a Plan
Create a Group
Search
Share it!
Tweet it
Add it
Post it
Buzz it
Add it
Post it
Email
or use this link
http://twtup.com/t15edt
Invite
Who is going? (1)
Tweets (88)
Photos (4)
Goodies
Tools
Upgrade
Jan 14
Twittagessen
At 6pm - 10pm | Copy | Edit
Where?
O'Reilly Verlag
Balthasarstr. 81
Köln, Germany
Blumenthalstraße
Oberlandesgericht Köln
Krefelder Wall
Balthasarstraße
Aquinostraße
Neusser Str.
Schillingstraße
Lupusstraße
Riehler Str.
Sedanstraße
Theodor-Heuss-Ring
Ebertplatz
Neustadt-Nord
Map data ©2010 Tele Atlas
POWERED BY Google
Join the Conversation!
Use this hashtag when you tweet:
#twittagessen
Are you going?
This is a private event.
Check with the organizers before tweeting about it!
More info
Number of Tickets/RSVPs: 1
Yes
No
Remove
Who's going? Yes (1)

Twittertreffen in der Realität 1: Tweetup

Ein „Tweetup" (von „Twitter meetup") ist eine geplante oder spontane Versammlung, die größtenteils über Twitter organisiert wird. Unabhängig vom Grund (sozial, beruflich etc.) **bringt ein Tweetup Leute zusammen, die sich bisher nur über Twitter kannten.** Solche Veranstaltungen sind oft sehr effektiv, weil die Treffen in der echten Welt zu neuen Verbindungen führen können.

Weil Twitter-Nachrichten öffentlich sind, können Tweetups außerdem Leute zusammenbringen, die sich vorher noch nicht kannten (auch nicht auf Twitter), und so ebenfalls neue Verbindungen schaffen.

Wenn Sie selbst ein Tweetup organisieren wollen, versuchen Sie es mal mit dem hier gezeigten **twtvite** (http://twtvite.com).

Twitter-Tipp

Ein Teil des Charmes von Tweetups besteht natürlich darin, dass Sie über das Ereigniss twittern können, während es passiert. Wenn Sie Lust haben, denken Sie sich, wie zuvor beschrieben, ein Hashtag aus, um die Nachrichten aller Teilnehmer zu gruppieren – häufig wird aber auch im Vorfeld ein gemeinsamer Hashtag kommuniziert.

twitt_tisch Twitt-Stammtisch MUC
Diesen Donnerstag, 26.11. ab 19:30 Münchner Twitterstammtisch in der #niederlassung. Danach Voting: wo findet der nächste Stammtisch statt?
24 Nov. 09

Twittwoch Twittwoch e.V.
Am 15.12.2010: "12. Kölner #Twittwoch "X-Mas Edition"" http://bit.ly/gxyruh #twk
9 Dez

pl0gbar pl0gbar
Reminder: Heute Abend #pl0gbar Braunschweig #10 um 19 Uhr im Dialog http://bit.ly/braunschw10 Viel Spaß! #pl0gbs
16 Sept.

Twittertreffen in der Realität 2: Twittwoch

Der **Twittwoch** ist ein Tweetup für Twitterer in und aus Unternehmen, die sich in einer entspannten Umgebung über Best Practices, neue Tools und interessante Kampagnen von und mit Twitter austauschen. Erstmals fand er am 3. Juni 2009 in Berlin, Hamburg, München und Köln statt. Aktuelle Informationen erhalten Sie über @twittwoch und http://www.twittwoch.de/.

Twitter-Stammtische gibt es in nahezu jeder größeren Stadt. Beispielhaft sei hier Köln (@StammtischKoeln) genannt. Bei einem Glas Bier twittert und spricht es sich doch noch mal viel schöner über Prominenz, Politiker sowie über andere Web-Lichtgestalten und -kuriositäten.

Ein ähnliches Konzept verfolgen **Pl0gbars**, bei denen sich Web-Interessierte in einer bestimmten Kneipe oder in einem Café treffen. Pl0gbars finden regelmäßig in allen größeren Städten statt: in Köln, Nürnberg, Heidelberg, Hamburg, Bochum, Berlin, München, Rhein/Main, Münster, Hannover, Karlsruhe, Freiburg, Wien, Leipzig, Essen, Offenburg, Stuttgart, Würzburg, Paderborn, Kiel, Aachen, Lübeck, Erfurt und Düren. Wo und wann die Treffen stattfinden, erfahren Sie unter http://pl0gbar.mixxt.de/ und von @pl0gbar.

@twittagessen
Twittagessen

Neues #Twittagessen: #Köln am 12.11.2010 um 12:30h - http://twittagessen.de/events/1076

8 Nov. via API ☆ Als Favorit markieren Retweet Antworten

Twittagessen-Details

Hamm, 21.01.11 »Termin im Kalender eintragen

21:00 **Altes Brauhaus Henin**

Eylertstr. 15
59065 Hamm
Tel.: +49 2381 436352

Qype-Infos Google-Maps

Es ist wichtig, dass der bei der Teilnahme/Absage erstellte Tweet unverändert übernommen wird, da sonst die Teilnehmerliste nicht korrekt ermittelt werden kann. Aufgrund vieler Aufrufe verweigert die Twitter-API manchmal die Suche. Deshalb kann es zu längeren Verzögerungen beim Anzeigen der Teilnehmer kommen.

3 eingeschriebene Teilnehmer:

@maltere @Highohpie @moboHamm

0 Kommentare:

(Alle Tweets mit dem Hash-Tag **#twittagessen-1125**)

Twittertreffen in der Realität 3: Twittagessen

„Ein Twittagessen ist ein ungezwungenes Treffen hungriger Twitterer zum Mittagessen. Sei es, um sich kennenzulernen, mal dem öden Büro zu entfliehen oder einfach nur, um Spaß zu haben" – so die zugrunde liegende Idee, die von Roman Zenner (@rzenner) und Christoph Zillgens (@czillgens) entwickelt wurde, um die Mittagspause zu beleben. Mitterweile finden deutschlandweit auch abends Twittagessen statt. Aktuelle Termine für Twittagessen können auf **http://twittagessen.de/** vorgeschlagen werden. Dort können Sie sich aber auch für ein geplantes Twittagessen anmelden. Über aktuelle Twittagessen informiert auch @twittagessen.

Twitter-Tipp

„Keuchende Köche, rotierende Kellnerinnen und kein Stuhl mehr aufzutreiben? Dann findet hier wohl gerade ein gut besuchtes Twittagessen statt. Verabreden Sie sich einfach mit netten Mit-Twitterern zum Mittagessen und Kennenlernen, und sagen Sie dem Büro für eine kulinarische Stunde Lebewohl."

Roman Zenner (@rzenner)

KAPITEL 4 | Informationen und Ideen weitergeben

Twitter ist ein hervorragender Ort für die Weitergabe von Informationen und Ideen. Allerdings kann klare Kommunikation mit nur 140 Zeichen – gerade einmal so lang wie eine Schlagzeile – schnell zu einer Herausforderung werden.

In diesem Kapitel werfen wir einen Blick auf **bewährte Techniken und praktische Tricks, die erdacht wurden, um interessante Informationen zu verbreiten, für Klarheit zu sorgen und um möglichst kreativ mit der Zeichenbeschränkung von Twitter umzugehen.**

Wenn Sie Twitter fürs Netzwerken oder für die Jobsuche nutzen wollen, sollten Sie in diesem und den folgenden beiden Kapiteln besonders gut aufpassen. Auch wenn es in Kapitel 6 noch einmal dezidiert um die berufliche Nutzung von Twitter geht, sind viele der dort gezeigten Konzepte für alle Twitterer hilfreich.

@derkOEnig
Andreas König

Mein Körper fängt sich an der Kälte anzupassen. Meine Zunge ist schon ganz pelzig.

29 Dec via web ☆ Favorite ⇄ Retweet ↰ Reply

@mogelpony
sagt es nur ungern ¬

Praktisch: Weil ich hier kein Internet habe, kann ich nicht twittern und habe viel mehr Zeit für mich.

28 Dec via Seesmic for Android ☆ Favorite ⇄ Retweet ↰ Reply

@Der_Zwen
Sven

Ich möchte mit Naturkost nichts zu tun haben. In meinem Alter braucht man alle Konservierungsstoffe, die man kriegen kann.

29 Dec via Seesmic Desktop ☆ Favorite ⇄ Retweet ↰ Reply

Seien Sie für andere interessant

Täglich werden Millionen Tweets darüber verschickt, was Leute in der Mittagspause essen. Natürlich dürfen Sie auch über Ihr Käse-Sandwich und andere Details Ihres Tages berichten. Wir sind davon überzeugt, dass der Austausch von Schnappschüssen ihres Alltagslebens dafür sorgt, dass sich Menschen einander näher fühlen.

Bedenken Sie jedoch, dass Twitter ein abonnement-basiertes Medium ist. Wenn Sie nicht interessant sind, werden Twitterer aufhören, Ihnen zu folgen, oder gar nicht erst Ihre Follower werden.

Bevor Sie eine Nachricht schicken, **sollten Sie darüber nachdenken, ob es eine unterhaltsamere und informativere Möglichkeit gibt, Ihre Nachricht zu formulieren.** Haben Sie etwas Ungewöhnliches entdeckt? Können Sie auch mal über sich selbst lachen? Gibt es einen Link, der dabei hilft, zu verstehen, was Sie meinen?

Andreas König (@derkOEnig), @mogelpony und Sven (@Der_Zwen) sind gute Beispiele: drei Twitterer, die humorvoll und neugierig machend über das tägliche Leben reden.

@muehlwitz
Guido

@helmi Express meldet's auch, allerdings mit dem Hinweis das niemand zu einer Stellungnahme bereit ist

1 Jan via Twitter for iPad ☆ Favorite

@muehlwitz
Guido

Mal sehen was lt. transfermarkt an Trainern auf dem Markt ist. @helmi die aben bestimmt noch kein offiziell. Bestaetigung

1 Jan via Twitter for iPad ☆ Favorite ⇄ Retweet ↰ Reply

Sorgen Sie dafür, dass Ihre Nachrichten gesehen werden

Twitter ist so eingestellt, dass Ihnen nur die @Erwähnungen von Leuten angezeigt werden, denen Sie auch folgen. Wenn Sie Julia, aber nicht Jürgen folgen, werden Sie auch keinen Austausch von @Erwähnungen zwischen Julia und Jürgen sehen. Wenn Sie dagegen Julia und Peter folgen, sehen Sie auch deren gegenseitige Nachrichten.

Obwohl das kaum jemandem bewusst ist, ist es unglaublich wichtig. Es hat nämlich zur Folge, dass Nachrichten, die mit dem @-Zeichen beginnen, von den meisten Leuten gar nicht gesehen werden. Das kann in Ordnung sein, wenn Sie jemandem eine @Antwort schicken. Meistens wollen Sie eher das Gegenteil, nämlich sich auf jemanden *beziehen*.

Stellen Sie sich vor, Sie haben 3.500 Follower, von denen zehn auch Kermit dem Frosch folgen. Wenn Sie twittern: „@kermit hat ein neues Buch veröffentlicht. Leseprobe unter: http://bit.ly/kerm", können nur diejenigen, die Ihnen beiden folgen, diese Nachricht auch sehen. Das ist oftmals aber gar nicht erstrebenswert.

Die Lösung ist einfach: Falls Sie keine @Antwort schicken, beginnen Sie nicht mit dem @-Zeichen, sondern beginnen Sie Ihren Satz z.B. mit „Das neue Buch von @kermit …".

@Sondergleichen
Dorothée Leidig

Zeitrechnung Mittelalter & Neuzeit: nützliche Kalender, Rechner rtc. http://www.manuscripta-mediaevalia.de/gaeste/grotcfend/grotefend.htm

15 hours ago via Echofon ☆ Favorite ⇄ Retweet ↰ Reply

Retweeted by 02mytwi01 and 1 other

@sinnundverstand
Wibke Ladwig

Lesen! @steffenmeier im Interview mit @vd_zukunft: Vom Hyper-Social-Media und den menschlich-virtuellen Agenten http://bit.ly/fw2g1W

6 Dec via TweetDeck ☆ Favorite ⇄ Retweet ↰ Reply

Retweeted by PeterHellinger

@de_webguerillas
David Eicher

#ForresterResearch sagt: 4% Prozent der Onliner bestimmen Markenbildung im Social Web http://tiny.cc/3tjfp #meinungsbildung

25 Dec via web ☆ Favorite ⇄ Retweet ↰ Reply

Auf interessante Web-Inhalte verlinken

Obwohl Twitter fragt: „Was gibt's Neues?", eignet sich der Dienst auch prima dazu, um Internet-Links auf interessante Dinge weiterzugeben, die Sie gelesen, gehört, gesehen, gekocht oder gespielt haben. Außer **anderen Leuten beim Finden interessanter Dinge zu helfen, gibt es einen weniger selbstlosen Grund, großzügig mit Links zu sein:** Nachrichten, die gut beschriebene, coole Links enthalten, haben große Chancen, als Retweet weiterverbreitet zu werden. Wenn Sie regelmäßig gute Links posten, betrachten Ihre Follower Sie irgendwann als Ressource, was Ihrem Ruf als Profi einen Schub geben kann.

Diese Beispiele zeigen, dass 140 Zeichen für einen ansprechenden Hinweis und einen verkürzten Link genügen. (URL-Verkürzungsdienste besprechen wir in Kapitel 1 und 6.)

Twitter-Tipp

Wie hier zu sehen ist, verweist Wibke Ladwig auf @steffenmeier (Steffen Meier) als Interviewten und auf @vd_zukunft (Verlage der Zukunft) als Interviewer. Das ist schlau, weil sie beide erwähnt, den Interviewer wie auch den Interviewten. Das kann wiederum zu neuen Followern bei Wibke Ladwig führen.

@werbekrake
Marc-M. Schoberer

Neuer **Blogbeitrag** von mir: Die erste digitale #Kamera - die Idee der Zeitschleife http://bit.ly/fxGt9e

30 Dec via TweetDeck ☆ Favorite ⇄ Retweet ↰ Reply

@DetlefFritz
Detlef Fritz

Wenn Winter, dann richtig! Winter auf Spitzbergen - Thema der Januar-Foto-Serie auf meiner Webseite: http://www.realedition.de

25 Dec via web ☆ Favorite ⇄ Retweet ↰ Reply

@PodmeisterAT
Mario

Gerade hochgeladen: Mein neuester Audio(kurz)podcast inklusive Outtakes: http://mariosplanetpodcast.blogspot.com/2010/12/podcast-nr-102.html

25 Dec via Kiwi ☆ Favorite ⇄ Retweet ↰ Reply

Auf eigene Blogs und Websites ansprechend verlinken

Viele Privatpersonen und Firmen berichten, dass Twitter-Links auf die eigene Website viele neue Besucher anlocken können. Vielen Sites bringt Twitter inzwischen die meisten Besucher. **Der Schlüssel, andere zum Anklicken eines Links zu bewegen,** ist eine kleine Einleitung zu dem Posting oder der Seite, auf die verlinkt wird. Stellen Sie sich das wie eine maßgeschneiderte Schlagzeile für Ihr Twitter-Publikum vor, und laden Sie die Leute zum Mitmachen ein.

Bedenken Sie, dass ein schlichtes Posten der Überschriften eines Feeds oder einer Website Ihre Mitmenschen abschrecken kann. Stattdessen sollten Sie Ihre Links mit einem Zusammenhang für Ihre Follower versehen.

Wie bereits in Kapitel 2 erwähnt wurde, sollten Sie außerdem in Ihrer Nachricht genug Platz lassen, damit sie leicht als Retweet weitergeschickt werden kann.

Twitter-Tipp

Um Ihre Tweets nebst passendem Link in Ihrem Blog oder Ihrer Website anzuzeigen, können Sie eines der **Twitter-Widgets** verwenden: http://twitter.com/widgets.

Menschette aber saget euch:
1. Jahrzehnt: alles haben wollen. 2.: alles probieren wollen. 3. Jahrzehnt: alles erreichen wollen. 4.: alles nicht wahrhaben wollen.
11 Oct
http://twitter.com/#!/Menschette/status/27063356751
Jahrz...
earch
Home
Profile
Messages
Find People
@Menschette
aber saget euch:
1. Jahrzehnt: alles haben wollen. 2.: alles probieren wollen. 3. Jahrzehnt: alles erreichen wollen. 4.: alles nicht wahrhaben wollen.
11 Oct via web
Favorite
Retweet
Reply

Links auf Tweets setzen

Gelegentlich ist **ein Tweet so anrührend, schlau oder lustig,** dass Sie ihn an andere Leute weiterschicken wollen. Wie aber können Sie auf einen bestimmten Tweet verlinken? Ganz einfach. Wenn Sie entweder im Strom der eingehenden Nachrichten oder auf dem Benutzerkonto von jemand anderem eine Nachricht finden, wird prinzipiell mit angezeigt, wann die Meldung verschickt wurde. Dieser Zeitstempel ist tatsächlich ein Link auf den permanenten URL für eine Nachricht. Klicken Sie auf den Zeitstempel, um eine Seite zu öffnen, die die einzelne Nachricht enthält.

@djlanai
Lanai ✓

Und so mussten wir dann den Laden schließen. War das geil am Ende :-) http://twitpic.com/3mes38

32 minutes ago via furtiv for TwitPic

@Jewelea
Julia Freidank

heute in der halongbucht.. #Urlaub http://yfrog.com/h3yitaj

31 Dec via Twitter for iPhone ☆ Favorite ⇄ Retweet ↩ Reply

@Lilith778
Steffi

Das Feuerwerk über New York heute Nacht war wirklich beeindruckend... http://twitpic.com/3m5phl

18 hours ago via Twitpic ☆ Favorite ⇄ Retweet ↩ Reply

Bilder verschicken

Wie Sie wissen, sagt ein Bild **deutlich mehr als 140 Zeichen.** Verwenden Sie Twitter, um Links auf Bilder in Ihrem Blog oder auf einer Foto-Website wie Flickr weiterzugeben.

Um Bilder speziell auf Twitter weiterzugeben, eignet sich beispielsweise **TwitPic** (http://twitpic.com) gut. Hiermit können Sie Bilder von Ihrem Handy, dem Web oder externen Client-Programmen (inklusive der in Kapitel 2 und 8 beschriebenen) verschicken. Die auf Twitter angezeigte Nachricht sieht so aus wie die hier gezeigte Nachricht von @djlanai. Sie enthält einen Link auf das Bild auf der TwitPic-Site.

Wird auf der TwitPic-Site ein Kommentar hinterlassen, wird dieser automatisch als @Nachricht an den ursprünglichen Poster bei Twitter geschickt. Außerdem verfolgt die Site, wie oft der Link auf ein Bild angeklickt wurde.

Neben Twitpic gibt es mittlerweile auch zahlreiche weitere Bilderdienste, über die Sie Ihre Bilder auf Twitter veröffentlichen können. Sie gleichen sich alle weitestgehend in ihren Funktionen. **Img.ly** (http://img.ly) und **yfrog** (www.yfrog.com) seien hier noch exemplarisch aufgeführt.

Twitter-Tipp

Wie die meisten URLs in Twitter profitieren auch Bilder-Links von einer knackigen Kurzbeschreibung im Tweet. Auf welchen Link würden Sie eher klicken: „Spaziergang mit Hund" oder „Rocky Rottweiler trifft auf Patricia Pudel"?

@kr1sp1n
Krispin Schulz

Gerade aufgeschnappt: "PHP ist eine Schund- und Pöbelsprache"

30 Dec via web ☆ Favorite ⇄ Retweet ↰ Reply

@reflup
Fritz Pulfer

Gedacht: Altern ist zwar erlaubt, aber bitte nicht zu laut! #altern #gelenke

31 Dec via web ☆ Favorite ⇄ Retweet ↰ Reply

@schiesswohl
Walter Schiesswohl

Aufgeschnappt in der Bibliothek: "Ich suche etwas.Sie hatten mal ein Buch, das war grün."

vor 16 Stunden via web ☆ Als Favorit markieren ⇄ Retweet ↰ Antworten

Dinge aufschnappen

Verdrehte Gespräche, einseitige Handygespräche, lustige Kommentare – sie alle sind **gutes Futter** für die sowieso schon kontextlose Welt von Twitter. Sie brauchen die Schnipsel nur mit Anführungszeichen zu umgeben. Ihre eigenen Gedanken können Sie übrigens auch einmal in Anführungszeichen setzen und als Tweet veröffentlichen. Im Amerikanischen hat sich beim Twittern der Begriff „Overheard" oder vereinfacht „OH" („aufgeschnappt", „mitgehört") etabliert.

@FatherBrown
Father Brown
Na?« fragte sein großer Freund. »Haben Sie den Gott des Tempels gefunden?« »Nein«, antwortete Father Brown. ...
29 Dec via HootSuite
Favorite
Retweet
twitter
Home Profile Find People Settings Help Sign out
2007 SQ6, ~110m-250m in diameter, just passed the Earth at 10km/s, missing by ~twenty-five million, eight hundred thousand km.
about 9 hours ago from Twitter4R
lowflyingrocks
@Graf_Protz
Volker Bombien
DIY Project of the Week: "DIY Cotton Candy Machine from a Blender and a Tin Can" -- http://ow.ly/3073F #POTW
13 Dec via HootSuite
Favorite
Reply
Delete

Twitter als Veröffentlichungsplattform

Bisher hatten Sie vielleicht den Eindruck, dass Twitter einer leeren Leinwand gleicht, die darauf wartet, von Ihnen mit coolen Dingen gefüllt zu werden. Tatsächlich sind diese Dinge aber nicht auf Ihre eigenen Bonmots und Retweets beschränkt. **Twitter funktioniert auch sehr effektiv als Plattform für die Veröffentlichung regelmäßiger Postings zu einem bestimmten Thema.** Hier ein paar unserer Favoriten:

@FatherBrown veröffentlicht täglich ein Zitat aus einem Pater-Braun-Krimi.

@LowFlyingRocks meldet jedes Objekt, das nah an der Erde vorbeifliegt.

@Graf_Protz veröffentlicht jeden Montag ein „Do It Yourself Project of the Week".

Twitter-Tipp

Auch wenn wir normalerweise von automatischen Postings (privat wie geschäftlich) abraten, funktionieren sie bei Twitter-Konten wie diesen recht gut. Um Nachrichten zu bestimmten Zeiten zu schicken, gibt es beispielsweise **Hootsuite** (http://hootsuite.com/). Einen RSS-Feed der Updates können Sie bei **TwitterFeed** (http://twitterfeed.com) finden.

@denygnasher
Deny G. Setiyadi

#FollowFriday deutsche Autorin: @PetraRoeder und meine **Deutschlehrerin**: @ulice

31 Dec via web ☆ Favorite ⇄ Retweet ↰ Reply
from Setia Budi, Jakarta Selatan

@mykke_
myko

In stille Spiegel blickt man tief… warum ich immer froh bin, @exit2000 wiederzufinden. Folgt ihm leise und unauffällig. #ff

13 hours ago via web ☆ Favorite ⇄

@matthiashaehnel
Matthias Hähnel

Es war mir eine Freude in 2010 Bekanntschaft mit Till von den @tridudes zu machen. Er kennt fast jeden im #Triathlon #ff #followfriday

31 Dec via Spaz ☆ Favorite ⇄ Retweet ↰ Reply

Machen Sie gute Vorschläge am FollowFriday

Um sich gegenseitig **beim Aufstöbern interessanter Leute zu helfen,** haben sich Twitterer den FollowFriday ausgedacht. Die Idee ist ganz einfach: Freitags verschicken Sie eine Liste mit Leuten, denen es sich zu folgen lohnt. Die Nachricht wird mit #FollowFriday (oder mit dem kürzeren #FF) markiert. (Angeblich stammt die Idee von Micah Baldwin [@micah].)

Häufiges Problem: zu lange Vorschlagslisten (natürlich nie länger als 140 Zeichen) ohne Erklärungen. Wundern Sie sich freitags also nicht über Nachrichten wie diese:

@cowbell400, @marketingbear, @pineconepeanuts, @superpoke2009, @thatsettlesit, @dubdubdubdc, @halliburton, @seatselectorfriend #FollowFriday"

Mal im Ernst: Wer soll das anklicken? Geben Sie lieber etwas mehr Kontext und weniger Twitterer an. Die hier gezeigten Beispiele gehen in die richtige Richtung.

Twitter-Tipp

Wie bereits in diesem Kapitel gesagt wurde: Soll Ihre Nachricht von möglichst vielen Leuten gesehen werden, sollte sie nicht mit dem @-Zeichen beginnen.

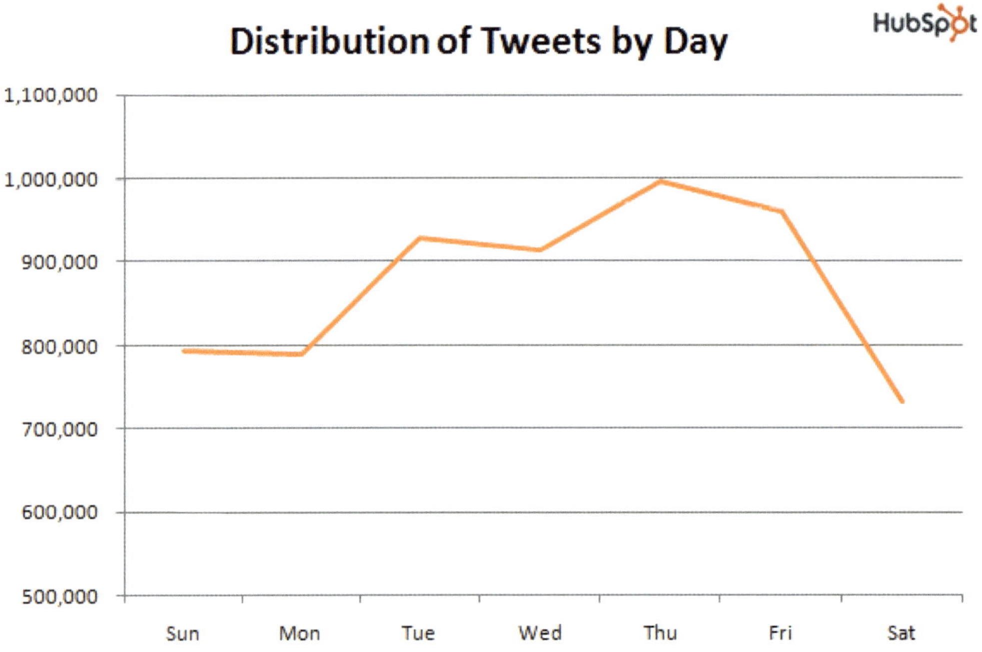

Distribution of Tweets by Day
HubSpot
1,100,000
1,000,000
900,000
800,000
700,000
600,000
500,000
Sun
Mon
Tue
Wed
Thu
Fri
Sat

Posten Sie an den richtigen Tagen

Mehrere Forscher haben herausgefunden, dass die meisten Tweets dienstags, mittwochs und donnerstags verschickt werden. Im ersten Moment klingt das, als ob Sie diese Zeiten wegen des starken Verkehrs meiden sollten. Tatsächlich werden zu dieser Zeit aber auch die meisten Retweets verschickt. Das heißt, **an diesen Tagen werden Ihre Nachrichten wahrscheinlich am ehesten beachtet.**

Um von möglichst vielen Leuten gelesen zu werden, sollten Sie Ihre Tweets möglichst während der Geschäftszeiten verschicken. Wenn Sie ein nicht-deutschsprachiges oder außereuropäisches Publikum erreichen wollen, sollten Sie darüber nachdenken, Ihre Nachrichten auf die jeweilige Zeitzone abzustimmen.

Das hier gezeigte Diagramm von **Hubspot** (www.hubspot.com) von Anfang 2010 gibt das Wochenmitte-Muster gut wieder. Für die Erhebung wurden 6 Millionen Tweets von über 5 Millionen Twitterern über den Zeitraum von sechs Monaten ausgewertet. Den gesamten Report „State of the Twittersphere – January 2010" können Sie unter http://www.hubspot.com/Portals/53/docs/01.10.sot.report.pdf als PDF herunterladen.

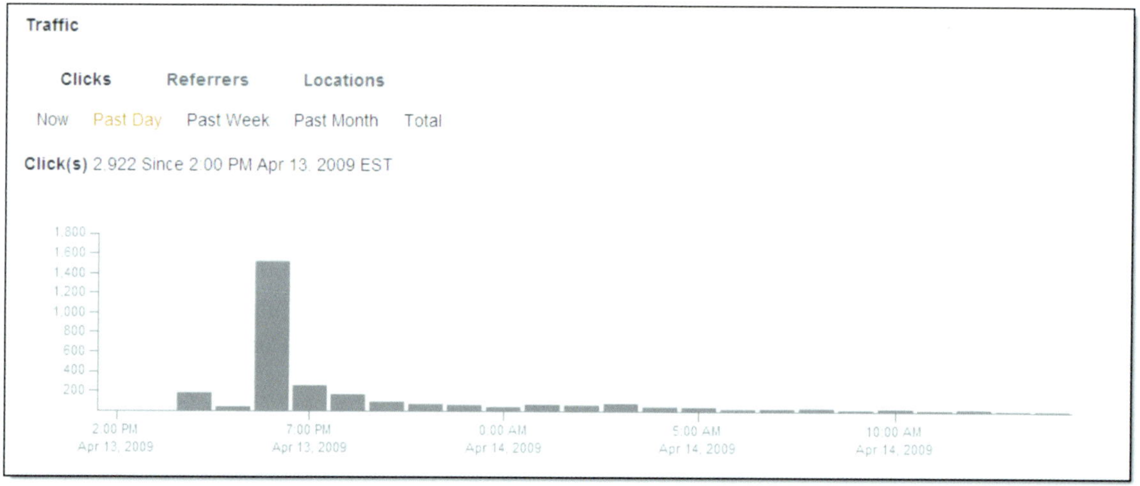

Traffic
Clicks
Referrers
Locations
Now
Past Day
Past Week
Past Month
Total
Click(s) 2.922 Since 2:00 PM Apr 13. 2009 EST
1,800
1,600
1,400
1,200
1,000
800
600
400
200
2:00 PM Apr 13, 2009
7:00 PM Apr 13, 2009
0:00 AM Apr 14, 2009
5:00 AM Apr 14, 2009
10:00 AM Apr 14, 2009

Posten Sie wichtige Nachrichten neu

Ein wichtiges Merkmal von Twitter ist, dass – im Gegensatz zu E-Mails – keine Antworten nötig sind. Die Nachrichten müssen nicht einmal gelesen werden. Viele Twitterer betrachten Twitter als einen Strom von Nachrichten, den sie anzapfen, wenn sie gerade Lust dazu haben.

Es ist wichtig, dieses Verhalten zu verstehen, denn es hat eine wichtige Auswirkung: Sofern Ihre Follower eine Nachricht von Ihnen nicht innerhalb von 5 Minuten nach ihrem Abschicken sehen, werden Sie sie wahrscheinlich überhaupt nicht lesen. *Fünf Minuten?* Ja, genau! Pete Dimaio (@pdimaio) von Fuel Interactive hat herausgefunden, dass fast alle Antworten und Retweets innerhalb der ersten fünf Minuten nach dem ursprünglichen Posting passieren. Danach sind die Antworten kaum noch bemerkbar. Wir haben dieses Muster bereits selbst kennengelernt. Hier ein Beispiel. Dieses bit.ly-Diagramm zeigt die Klicks auf einen Link, den Tim O'Reilly einmal getwittert hat. Wie Sie sehen, kamen fast alle Antworten sofort.

Das bedeutet, dass Sie sich beim Twittern über **wichtige Dinge zumindest ein paarmal wiederholen** sollten, und zwar möglichst zu verschiedenen Zeiten und über mehrere Tage verteilt.

Das erneute Twittern einer Nachricht fühlt sich anfangs vielleicht etwas unangenehm an. Aber auch das lässt sich kunstvoll erledigen (verändern Sie die Nachricht, und nehmen Sie auf die früheren Tweets Bezug). Das funktioniert besonders, wenn Ihre Nachricht klar, deutlich und nicht kommerziell ist und außerdem keine zu starke Eigenwerbung enthält. Vergessen Sie auch nicht, dass jede Nachricht nur aus einem oder zwei Sätzen besteht, sodass Sie nicht zu viel von Ihren Followern erwarten.

KAPITEL 5 | Zeigen Sie sich

Obwohl viele Leute Twitter inzwischen benutzen, um wie in Kapitel 4 beschrieben Ideen und Informationen auszutauschen, ging es anfänglich um die Frage, die Twitter stellt: „Was gibt's Neues?" Also schrieben Twitterer, dass sie eine Radtour machten, Bacon-Sundae-Eisbecher herstellten oder dem Hund beim Zerkauen des Sofakissens zusahen. Da sie die Aktualisierungen nicht nur vom Computer zu Hause, sondern auch vom Handy vornehmen konnten, twitterten sie außerdem, dass sie gerade neben Bono in einem Flugzeug nach Simbabwe saßen, an der 5th Avenue einen Strafzettel bekamen oder bei Wal-Mart schlecht bedient wurden.

Und obwohl solche Status-Updates banal klingen, sind viele auf Twitter der Meinung, dass **das Wissen darum, was Freunde, Familie und Kollegen gerade tun, zu einer leichten, aber bedeutungsvollen Intimität führt.** Soziologen bezeichnen dieses Phänomen als Kopräsenz bzw. als Gemeinschaftsgefühl. Nicht-Akademiker bezeichnen es, sofern sie überhaupt einen Namen dafür haben, als Ambient Intimacy (etwa: Umgebungsvertrautheit) oder – häufig am Arbeitsplatz – als Ambient Awareness (etwa: Umgebungsbewusstsein). Sie können sich das als eine Mischung aus Gedankenlesen und dem vorstellen, was Ihre Mutter als „in Verbindung bleiben" bezeichnen würde.

In diesem Kapitel befassen wir uns damit, wie Sie Ihre persönlichen Verbindungen auf Twitter verbessern können.

@wimbauer
tobias wimbauer
Und auf gehts zum Büchereinräumen in die frisch aufgestellten Regale
vor 17 Minuten via web
Als Favorit markieren
twitter
Home Profile Find People Settings Help Sign out
I love useful exercise. Just spent a very pleasant hour hauling wood into a pile to be cut up for next winter's fires.
5:09 PM Mar 22nd from twhirl
timoreilly
Tim O'Reilly
@balu
Thomas "Balu" Walter
HEILIGE Dachlawine. Auf meiner Terasse sind gerade geschätzte 5 Tonnen Schnee und Eis runtergekommen.
vor 1 Stunde via TweetDeck
Als Favorit markieren
Retweet
Antworten

Posten Sie persönliche Updates

Ganz gleich, ob Sie Twitter aus beruflichen oder privaten Gründen nutzen, **Ihre Mitmenschen mögen kleine Einblicke in Ihr Leben** – vermutlich sogar mehr, als Sie denken. Es schafft ein Gefühl der Verbundenheit, es verstärkt die Authentizität Ihrer Stimme und hilft Ihnen beim Aufbau von Beziehungen. Und als Bonus brauchen Sie beim nächsten wirklichen Treffen kein „Na, wie geht's?"-Gespräch mehr zu führen, sondern Sie können zum Beispiel folgendermaßen ins Gespräch einsteigen:

„Hallo, ich habe gesehen, Du warst letzte Woche in Berlin. Hast Du es noch geschafft, bei den Aposteln zu essen?"

„Ich war gleich zweimal da, einmal zum Frühstück. Sieht aus, als hättest Du viel zu tun mit Deinem neuen Nachbarschaftsgarten. Als ich in Bremen gewohnt habe, hatten wir auch einen. Wie kommst Du damit voran?"

Und so weiter.

Sie müssen nicht jedes kleine Detail preisgeben. Allerdings können schon ein paar kleine Updates für eine gute, vertraute Atmosphäre sorgen.

@haekelschwein
Herr haekelschwein

Zwischen heute und morgen müsste es stets noch einen Tag geben, an dem man das Liegengebliebene schaffen kann.

20 Dez via Birdhouse ☆ Als Favorit markieren ⇄ Retweet

@diktator
diktator

Stellt man sich den Posteingang als Gegner, gesendete Objekte als Waffe & die Abwesenheitsnotiz als Prinzessin vor, macht Outlook fast Spaß.

@isdjan
isdjan

Lateiner nach dem Festmahl so: „Subito ergo bumm.“ (Gleich platze ich!)

21 Dez via TweetDeck ☆ Als Favorit markieren ⇄ Retweet ↰ Antworten

Mehr als „Was gibt's Neues?"

Sie brauchen persönliche Nachrichten nicht auf die Frage „Was gibt's Neues?" zu begrenzen. Sie können **140 Zeichen nutzen, um Gedanken, Beobachtungen, Rat, lustige Gespräche, Gedichte, Witze, Zitate usw.** mit Ihren Mitmenschen zu teilen.

Sie verstehen schon, was gemeint ist. (Falls nicht, sehen Sie links ein paar Beispiele.)

PHOTO
Peter Müller
@pmue13
Über @pmue13
0 Tweets
2 Following
0 Followers
0 Gelistet

PHOTO
Peter Müller
@pmue13
Vegetarier, Hundeliebhaber, Programmierer - liebt Reisen und gute Bücher.
Über @pmue13
0 Tweets
2 Following
0 Followers
0 Gelistet

Füllen Sie das „Bio"-Feld aus (das dauert nur zwei Sekunden)

Wenn Sie sich bei Twitter anmelden, fragt das System Sie nur nach Ihrem Namen und einem Benutzernamen. Die übrigen Profileinstellungen werden dadurch leicht vernachlässigt. Hierzu gehören besonders Ihr Aufenthaltsort, ein URL für Sie und das Feld „Bio" (Lebenslauf). Aber **andere Twitterer lieben diese Details,** also sollten Sie sie auch angeben.

Bonus: Je mehr Informationen Sie weitergeben, desto weniger wirken Sie wie ein Spammer. Fangfrage: Welchem der hier gezeigten Benutzerkonten würden Sie eher folgen?

In Kapitel 1 finden Sie eine Reihe von Tipps zum Ausfüllen Ihres Profils. Zu den Einstellungen gelangen Sie über Einstellungen → Profil.

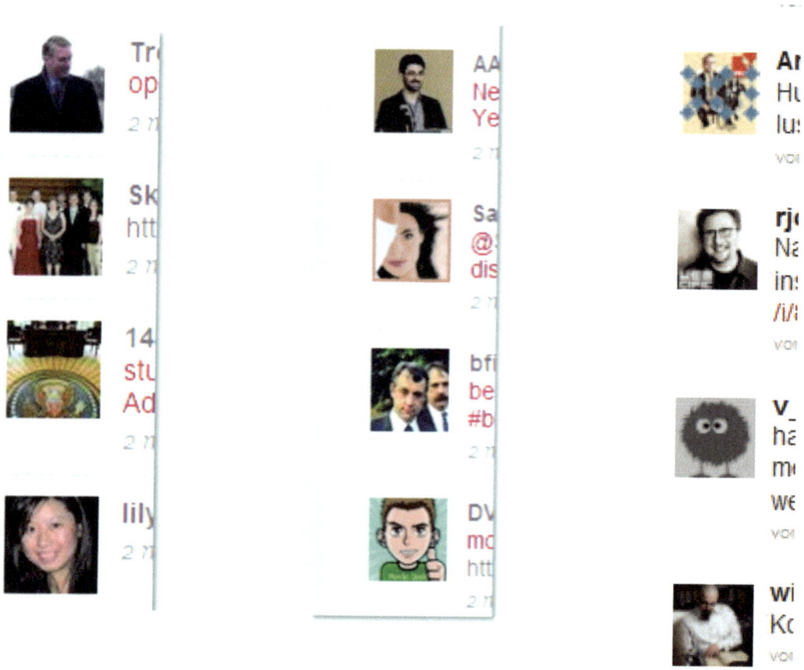
Tr
op
Sk
htt
14
stu
Ad
lily
AA
Ne
Ye
Sa
dis
bf
be
#b
DV
mo
htt
Ar
Hu
lus
rj
Na
ins
/i/
v_
ha
me
we
wi
Ko

Benutzen Sie ein passendes Profilbild

Für Ihr Profilbild (Icon) sollten zwei Dinge zutreffen: **Es sollte angemessen sein, und es sollte auffallen.**

Mit „angemessen" meinen wir: Wenn Sie von anderen als freundlicher Mensch erkannt werden wollen, verwenden Sie ein Foto oder eine Zeichnung, die erkennbar Ihr Gesicht zeigt.

Mit „auffallen" meinen wir: Vergessen Sie nicht, dass die meisten Menschen Ihre Twitter-Updates als Teil eines Stroms von Nachrichten betrachten. Wie Sie hier sehen, fallen einige stärker auf als andere. Spielen Sie mit Ihrem Profilbild, bis Sie eine Variante gefunden haben, die es anderen erleichtert, Sie in dem kleinen Format leicht zu erkennen.

Unter Einstellungen → Profil können Sie Ihr eigenes Profilbild zu Twitter hochladen.

twitter
Suchen
Startseite
Profil
Nachrichten
Wem folgen
pmue13
Peter Müller
@pmue13
PHOTO
Profil bearbeiten →
Timeline
Favoriten
Following
Followers
Listen
pmue13 Peter Müller
Kaffeetrinken galore!
Über @pmue13
3 Tweets
5 Following
0 Followers
0 Gelistet
Seit neuestem folgst du · Alle anschauen →
Ähnelt mari
Tim O'Reilly
@timoreilly Sebastopol, CA
Founder and CEO, O'Reilly Media. Watching the alpha geeks, sharing their stories, helping the future unfold.
http://radar.oreilly.com
Folgen
timoreilly Tim O'Reilly
I'm going off the grid till the new year. So no more tweets till 2011. Have a great holiday!
23 Dez
@bryce If you can count them, it's "fewer." Use "less" when you measure, not count. Less flour. Fewer typos.
Über @timoreilly
12.895 Tweets
698 Following
1.439.131 Followers
15.562 Gelistet
Following 698
Ähnelt @timoreilly · Alle sehen
Caterina · Folgen
Caterina
timberners_lee · Folgen
Tim Berners-Lee
anildash · Folgen
Anil Dash
karaswisher · Folgen
Kara Swisher
Über uns · Hilfe · Blog · Status · Jobs · AGB · Datenschutz · Schnelltasten
Unternehmen · Medien · Entwickler · Quellen · © 2010 Twitter
TweetReport
@TweetReport SF Bay Area + NYC
Twitter tips + resources from Twitter speaker/writer/consultant Sarah Milstein (@SarahM, sarah.milstein@gmail.com)
http://bit.ly/TheTwitterBook
TweetReport TweetReport
Cool + interesting: the Library of Congress has acquired the entire Twitter archive of public tweets -- http://j.mp/cleNeg
14 Apr
"7 Insanely Useful Ways to Search Twitter." Seriously useful piece by @ducttape: http://j.mp/ahFZVt
31 März
Follower count on Twitter doesn't equal influence. More evidence
Über @TweetReport
2.028 Tweets
5.199 Following
6.076 Followers
191 Gelistet
Following 5.199
Ähnelt @TweetReport · Alle sehen
tweetmeme · Folgen
TweetMeme
listorious · Folgen
Listorious
Ning · Folgen
Ning
twitter · Folgen
Twitter

Ein eigener Profilhintergrund: Teil 1

Wenn jemand Ihre Account-Seite bei Twitter anklickt, erhält er eine Menge Informationen auf einmal: Ihr Profilbild, Ihre Bio, Ihre letzten Tweets – und Ihren Profilhintergrund. Netterweise können Sie Ihren Profilhintergrund auf verschiedene Arten anpassen und **Ihre Seite so mit etwas mehr Persönlichkeit versehen.**

Falls Sie gar nichts tun, sieht die Seite aus wie im oberen Beispiel, was auch nicht schlecht ist. Wenn Sie einen Schritt weiter gehen wollen, können Sie einfach die Farben (Hintergrund, Seitenleiste, Links und Rahmen) anpassen, wie im mittleren Beispiel gezeigt. Das untere Beispiel zeigt eines der pfiffigen Themes, die Twitter zur Verschönerung Ihres Hintergrunds bereitstellt.

Unter Einstellungen → Design können Sie diese visuellen Aspekte Ihres Benutzerkontos steuern.

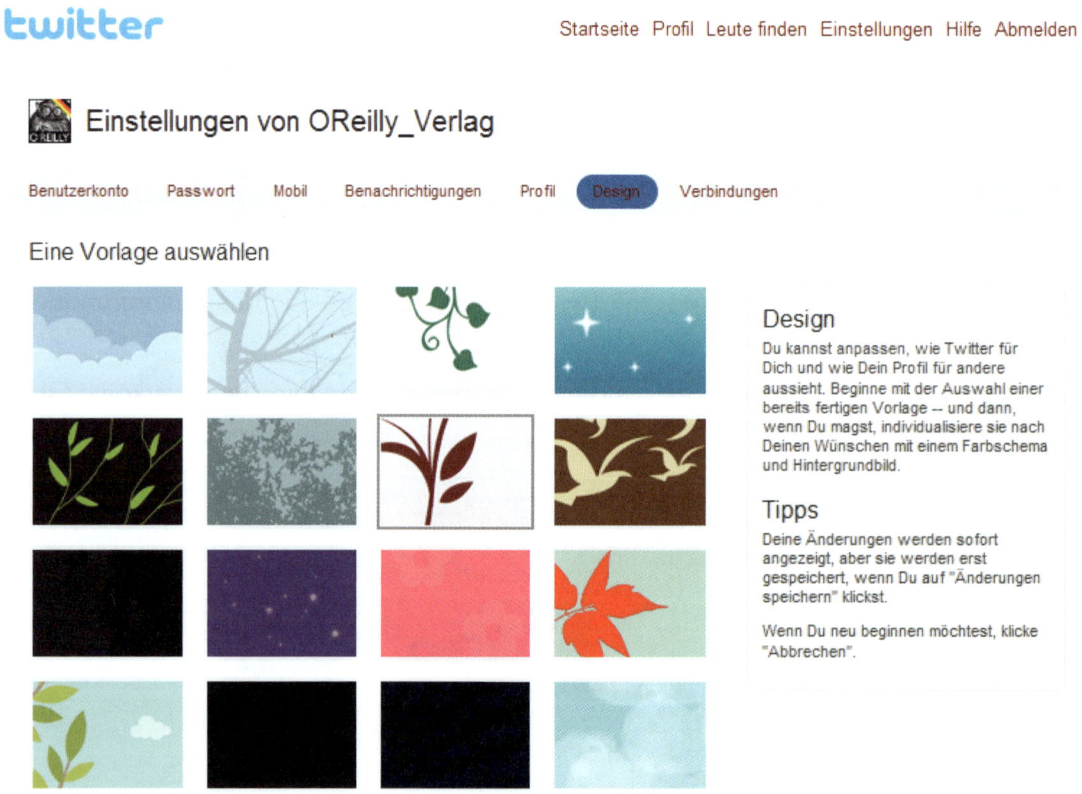
twitter
Startseite Profil Leute finden Einstellungen Hilfe Abmelden
Einstellungen von OReilly_Verlag
Benutzerkonto Passwort Mobil Benachrichtigungen Profil Design Verbindungen
Eine Vorlage auswählen
Design
Du kannst anpassen, wie Twitter für Dich und wie Dein Profil für andere aussieht. Beginne mit der Auswahl einer bereits fertigen Vorlage -- und dann, wenn Du magst, individualisiere sie nach Deinen Wünschen mit einem Farbschema und Hintergrundbild.
Tipps
Deine Änderungen werden sofort angezeigt, aber sie werden erst gespeichert, wenn Du auf "Änderungen speichern" klickst.
Wenn Du neu beginnen möchtest, klicke "Abbrechen".

Ein eigener Profilhintergrund: Teil 2

Wenn Sie Ihren Twitter-Hintergrund richtig aufmotzen wollen, laden Sie ein eigenes Bild hoch, um einen netten Wallpaper-Effekt zu erzielen. (Sie finden die Option unter Einstellungen → Design; das Bild darf maximal 800 KB groß sein). Danach können Sie die Farben Ihres Profils an das Bild anpassen, wie hier gezeigt. Alternativ können Sie auch eine Website wie **Twitter Gallery** (http://twittergallery.com) verwenden, um weitere interessante Themes zu finden.

Wenn Sie einen eigenen Hintergrund benutzen wollen, der mehr Informationen über Sie enthält (das „Bio"-Feld erlaubt maximal 160 Zeichen), hält **TwitBacks** (http://twitbacks.com) ein paar Optionen für Sie bereit.

Mit Photoshop oder einem ähnlichen Programm können Sie natürlich auch **Ihren komplett eigenen Hintergrund erstellen**.

KAPITEL 6 | Twitter fürs Business

Wenn Sie für Ihre Firma oder hauptsächlich aus beruflichen Gründen twittern, müssen Sie ein paar zusätzliche Herausforderungen meistern, um Ihren Twitter-Account erfolgreich zu nutzen. Alles bisher Gesagte gilt dabei auch für Sie. Hier geht es **um zusätzliche Erwägungen und Ideen, die Ihren Firmen-Twitter-Account richtig zum Singen bringen können.**

Wenn Sie nach Beispielen für andere Firmen auf Twitter suchen, werfen Sie einen Blick auf **TrackingTwitter** (http://trackingtwitter.com), eine Liste verschiedener Marken, Medien, Fernsehleute und Prominenter. **Twibs** (http://twibs.com), ein weiteres Verzeichnis, ist nicht allein auf Marken beschränkt. **ExecTweets** (http://exectweets.com) ist eine Plattform für Tweets von Geschäftsleuten.

Interessieren Sie sich für Ideen zum firmeninternen Microblogging (eine echte Offenbarung, für die Ihr Posteingang Ihnen ewig dankbar sein wird)? Die zwei wichtigsten Anbieter in diesem Bereich sind **Yammer** (http://yammer.com) und **Present.ly** (http://presently.com).

Ergebnisse für Alnatura

Tweets Tweets mit Links Tweets in Deiner Nähe Leute

_adewani Ade Wani
#nixaromatisiertes Tag 2: gleich zum Mittagessen: Brokkoli, Sahne, Sujasauce (**Alnatura**), Pommes (ja, wirklich ohne Zusätze).
vor 1 Stunde

_adewani Ade Wani
#nixaromatisiertes Tag 2: Nuss-Nougat Aufstrich von **Alnatura**, Butter auf Brot (vom Bäcker, kann alles mögliche drin sein), Kaffee - geht.
vor 1 Stunde

ichlebegruen Lisa Albrecht
Alnatura-Chef im Interview: http://www.sueddeutsche.de/wirtschaft/**alnatura**-chef-rehn-nicht-menschen-fuer-die-wirtschaft-dressieren-1.1047620
vor 1 Stunde

klaaskramer Klaas Kramer
Alnatura-Chef Rehn im Interview "Nicht Menschen für die Wirtschaft dressieren" http://tinyurl.com/6hyduq3
vor 2 Stunden

kapuze06 kapuze06
Trotzdem gutes Interview RT @crosla: Ich sage nur dazu: Öffentlich Wasser predigen und heimlich Wein trinken: http://tinyurl.com/5t9bt49
vor 3 Stunden

Erst zuhören

Der **größte Fehler, den Firmen machen können,** ist, Twitter als Kanal zum Herausblasen von Informationen anzusehen. Tatsächlich eignet sich Twitter besser zum Führen von *Gesprächen* als für einseitige Ankündigungen.

Andere Twitterer erwarten, dass Sie sich mit Ihrem Firmen-Twitter-Account (oder auch mehreren) tatsächlich auf sie einlassen. Bevor Sie lostwittern, sollten Sie ein paar Wochen beobachten, wie andere Sie wahrnehmen. Entwickeln Sie ein Gespür für den Gesprächsrhythmus auf Twitter, und überlegen Sie, wie Sie Ihre Kommunikation gestalten wollen.

Ganz gleich, was Sie herstellen, es gibt bestimmt schon Leute, die über Ihre Produkte, Ihre Marke, Ihre Firma, zumindest aber über Ihre Branche twittern. In Kapitel 2 zeigen wir Werkzeuge und Techniken zum Zuhören, und weiter hinten gibt es noch ein paar mehr.

Twitter-Tipp

Manche Firmen und Berater sorgen für Kundenbindung, indem sie in der Twitter-Suche nach Fragen suchen, die sie beantworten können, und dann vorsichtig auf den Fragenden zugehen. Bei dieser Methode müssen Sie sich darüber klar sein, dass manche Twitterer nichts von Ihnen wissen wollen.

Was wird in drei Monaten, sechs Monaten oder einem Jahr anders sein, **weil wir uns auf Twitter engagiert haben?**

Klare Ziele verfolgen

Da Twitter leicht zu verstehen und anzuwenden ist, ist die Versuchung groß, gleich ins kalte Wasser zu springen und es einfach auszuprobieren. Für Einzelpersonen mag das angemessen sein. **Wenn Firmen dagegen blind drauflos-twittern, kann das zu Benutzer-Accounts führen, die die Firma nicht gut repräsentieren oder mit anderen Kommunikationskanälen in Konflikt geraten.** Twitter ist voll mit Firmenkonten, die jemand mit besten Absichten gestartet, aber nach einer kurzen Zeit wieder verlassen hat. Das Ergebnis ist ein dauerhafter öffentlicher Beweis für die Gleichgültigkeit Ihrer Firma. Twittern bindet außerdem die Arbeitszeit Ihrer Mitarbeiter. Warum sollten Sie Twitter Ressourcen zuweisen, wenn Sie nicht wissen, was Sie davon haben?

Twitter gibt Ihnen eine unvergleichliche Gelegenheit, Beziehungen zu Kunden und zu anderen Auftraggebern aufzubauen. Wir raten Ihnen, sich Twitter eher so vorzustellen und nicht als Teil einer Kampagne. Tun Sie sich den Gefallen, und nehmen Sie sich etwas Zeit, um darüber nachzudenken, wofür Sie Ihre Twitter-Accounts verwenden wollen und wie Sie den Erfolg messen.

Mögliche Ziele können sein: besserer Service für Bestandskunden; Kundenstamm vergrößern; Verbindungen zu möglichen Partnern knüpfen und so weiter.

@youthbankde
Youth Bank

Auf unserem #Facebook Profil gibt's eine neue #Bildergalerie: http://on.fb.me/hzkSRU Wir freuen uns über eure Kommentare! #Fotos #Marke

3 hours ago via web ☆ Favorite ⇄ Retweet ↰ Reply

Elternplanet Kathrin
@RailService danke! Sie haben mir schon geschrieben. 10 Franken Selbstbehalt! Obwohl es nicht mein Fehler war!
3 Jan

in reply to @Elternplanet ↑

@RailService
RailService.

In diesem Fall würde ich dem Kundendienst SBB den genauen Ablauf erklären, @Elternplanet. www.sbb.ch/kundendienst (Ganz unten)

3 Jan via CoTweet ☆ Favorite ⇄ Retweet ↰ Reply

Andere Kanäle einbeziehen

Twitter ist cool, kann aber auch nicht zaubern. Es ist Teil Ihrer Kommunikationswerkzeuge und passt zumindest zu einigen Ihrer Abteilungen oder Funktionen recht gut: Kundendienst, PR, Marketing, Produktentwicklung, Personalabteilung etc. – also zu allen Teilen Ihrer Firma, die auf verschiedene Weise mit Leuten in Kontakt treten.

Wenn Sie sich Ihren Twitter-Account als Infostand vorstellen, an dem Sie Tipps, Links, Prospekte usw. weitergeben, brauchen Sie eine Möglichkeit, auf Fragen und Beschwerden an Ihre Firma reagieren zu können. Viel zu oft sehen wir Firmen, die mit Nachrichten antworten wie: „*@kunde*: Das ist schlimm. Rufen Sie uns an, damit wir das Problem lösen können." Und dann ist keine Telefonnummer angegeben. Für Kunden, die sowieso schon Schwierigkeiten haben, verstärkt so etwas den Frust nur noch mehr. Geben Sie besser in solchen Fällen spezielle Kontaktinformationen an, oder führen Sie das Gespräch gleich als DM (Direktmitteilung) weiter. Dort können Sie die Kontaktdaten des Kunden abfragen, damit Ihr Kundendienst sich mit ihm in Verbindung setzen kann.

Damit der Twitter-Account Ihrer Firma wirklich guttut, sollten Sie dafür sorgen, dass alle Mitarbeiter wissen, dass Ihre Firma twittert. Es sollte zumindest ein paar einfache Systeme zur Weiterleitung und Lösung von Anfragen und Beschwerden geben. Wenn Sie zu Beginn etwas Zeit mit Zuhören verbracht haben, wie am Anfang dieses Kapitels empfohlen, können Sie natürlich für die verschiedenen möglichen Anfragen vorausplanen.

Neben der Integration der verschiedenen Abteilungen sollten Sie Ihre Twitter-, Facebook- und anderen Aktivitäten in sozialen Medien so koordinieren, dass die Informationen auf allen Kanälen konsistent sind.

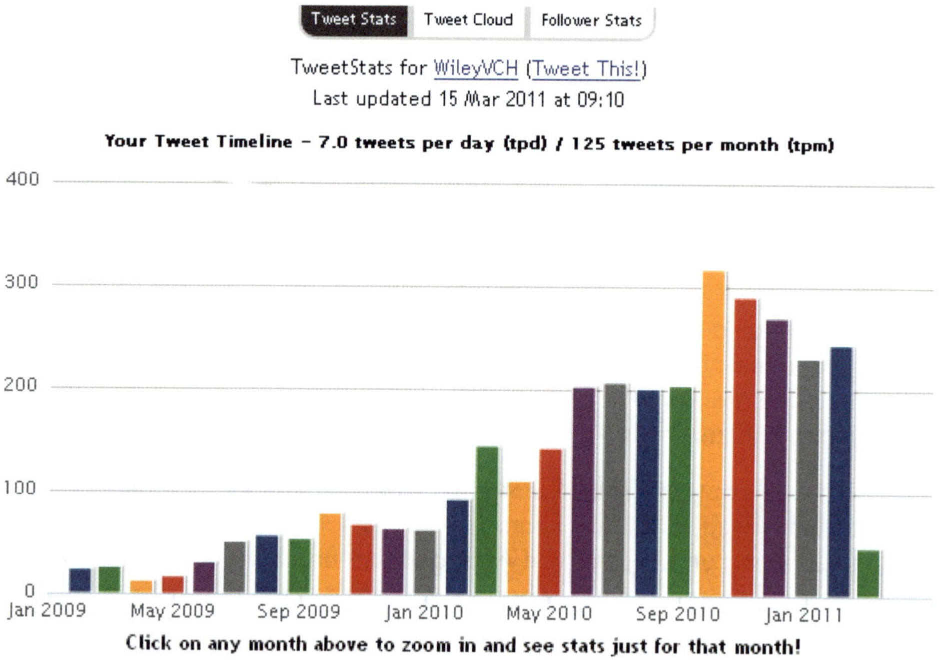
Tweet Stats
Tweet Cloud
Follower Stats
TweetStats for WileyVCH (Tweet This!)
Last updated 15 Mar 2011 at 09:10
Your Tweet Timeline – 7.0 tweets per day (tpd) / 125 tweets per month (tpm)
400
300
200
100
0
Jan 2009
May 2009
Sep 2009
Jan 2010
May 2010
Sep 2010
Jan 2011
Click on any month above to zoom in and see stats just for that month!

Klein anfangen, dann wachsen

Viele Chefs – und so ziemlich jeder andere auch – sind besorgt, dass Twitter **für die Mitarbeiter ein riesiger Zeitfresser ist**. Und das kann es auch sein.

Das Problem kann aber komplett vermieden werden, indem Sie langsam anfangen, eine Nachricht pro Tag oder ein paarmal pro Woche zu schicken und Fragen mehrmals täglich zu beantworten. Wenn sich der Twitter-Account als nützlich erweist, können Sie ihm mehr Zeit und Ressourcen zuweisen. Lohnt es sich trotzdem nicht, müssen Sie nicht rechtfertigen, warum Sie so viel Zeit damit verbracht haben.

Hier verwenden wir **TweetStats** (http://tweetstats.com), um uns die Twitter-Aktivität des Wiley-Verlags (@WileyVCH) anzusehen. Sie begannen langsam und verstärkten die Anzahl ihrer Postings allmählich. (Die Zahlen des letzten Monats sind geringer, weil wir das Bildschirmfoto zur Monatsmitte erstellt haben.)

Zappos.com CEO
twitter
Home Profile Find Peo
Hi! I'm Tony Hsieh the CEO of Zappos.com.
Have a question? Here's how to get the fastest response:
Customer service:
Help finding a product
cs@zappos.com
1-800-927-7671
Interviews, PR:
Speaking requests
pr@zappos.com
Marketing, Sponsorships Donation & Charity Requests:
solicitation@zappos.com
Merchandising:
Steve Hill, VP Merchandising
shill@zappos.com
Job Inquiries:
http://jobs.zappos.com
Inside Zappos:
http://blogs.zappos.com
Zappos.com CEO
zappos
Following
Device updates OFF
http://twitpic.com/3a6nl - Enjoyed touring Etsy.com offices & meeting w/ CEO. Met a nice giant owl too.
about 20 hours ago from TwitPic
I don't like the phrase "social media" b/c the default assumption w/ "media" is that the publisher is the main benificiary.
9:15 PM Apr 12th from txt
At dinner w/ @chafkin who told me his actress girlfriend is just starting to meet Asians. I felt special, then realized he said "agents".
6:31 PM Apr 11th from txt
http://twitpic.com/347hr - Gotta love NY. Dog trying to make Puss-In-Boots jealous. Wonder if it's heard of Zappos?
1:01 PM Apr 10th from TwitPic
At airport about to fly to NY. FYI a redeye reduction camera does not actually reduce the number of redeye flights one takes.
11:07 PM Apr 9th from txt

Überlegen Sie, wer für Sie twittern sollte

Twitter ist ein soziales Medium. **Wenn Sie die Wahl zwischen jemandem haben, der die perfekten Informationen weitergeben kann, Twitter aber nicht versteht oder mag, und jemandem, der das Medium geradezu verinnerlicht hat,** entscheiden Sie sich für den zweiten Kandidaten. Danach finden Sie einen Weg, diese Person mit zusätzlichen Informationen und Zugang zu den Leuten zu versorgen, die das nötige Wissen haben.

Wir können es nicht empfehlen, Ihren Twitter-Firmen-Account von einer PR- oder Marketing-Agentur betreiben zu lassen. Das scheint zwar auf den ersten Blick zeitsparend zu sein, sorgt aber eher nicht für die Art von Beziehungen, die Ihre Kunden erwarten. Tatsächlich kann das auch nach hinten losgehen, wenn die Kunden das Gefühl bekommen, nicht von Ihnen betreut zu werden.

Tatsächlich sind einige der erfolgreichsten Twitterer gleichzeitig auch am beschäftigtsten. Bei **ExecTweets** (http://exectweets.com) finden Sie eine Liste von Geschäftsleuten aus der Chefetage, die twittern. Einige Menschen, die berufsmäßig twittern (z.B. @timoreilly oder @JohnAByrne), geben Informationen und Details zu ihren Firmen weiter. Andere, wie @zappos, reden eher über ihr Privatleben. Sie müssen sich aber nicht für das eine oder andere entscheiden. Beispielsweise macht Tony Hsieh auf seiner Twitter-Seite erfolgreich Werbung für Zappos.

Eichborn Verlag
@eichbornverlag Frankfurt am Main
Belletristik, Sachbücher, Humor- und Geschenkbücher, Hörbücher, Die Andere Bibliothek. Es twittern Simone Siebert und @d_pleimling.
http://www.eichborn.de
Folgen
Timeline
Favoriten
Following
Followers
Listen
eichbornverlag Eichborn Verlag
"derb, provozierend, blasphemisch, geprägt von einem trockenen, bösen Witz", urteilt @dradio über "Wilson": http://ow.ly/3xTxk #comic
vor 4 Stunden
xingfinder Michael Rajiv Shah
von eichbornverlag
Die #XING-Personality Das Ich als Status(meldung) v. @eichbornverlag gefunden bei @othertwice's Business Excellence Daily http://ht.ly/3wtxM
31 Dez

Zeigen Sie, wer sich hinter dem Vorhang verbirgt

Twitter ist am effektivsten, wenn Sie es schaffen, die menschliche Seite Ihrer Firma zu zeigen. Hierdurch erzeugen Sie eine Art Petrischale, in der Sie den Austausch mit anderen kultivieren und Beziehungen auf einer relativ vertraulichen Ebene knüpfen können.

Ihre Mitmenschen sind nicht daran interessiert, mit einem namen- oder gesichtslosen Etwas Kontakt aufzunehmen. Sobald Sie entschieden haben, wer Ihre Firma auf Twitter repräsentiert, sollten Sie diese Person auf der Twitter-Seite auf jeden Fall beim Namen nennen.

Verwenden Sie das Feld „Name" in den Twitter-Einstellungen (Profil → Profil bearbeiten), um den Firmennamen anzugeben. Danach können Sie die 160 Zeichen im Feld „Biografie" verwenden, um die Person oder Personen zu nennen, die den Benutzer-Account betreuen.

Für den Eichborn Verlag twittern beispielsweise Simone Siebert und Dominik Pleimling (@d_pleimling). Wenn jemand sich diesen Benutzer-Account ansieht, ist auf jeden Fall klar, mit wem er es zu tun hat.

Verlag CHBeck Recht
@CHBeckRecht München
Verlage C.H.Beck/Vahlen - Aus der Presseabteilung Recht Steuern Wirtschaft twittern Mathias Bruchmann(MB), Uta Kiechle(Ki), Karen Geerke(Gk), Cagdas Sarihan(Ca)
http://presse.beck.de
Folgen
Timeline
Favoriten
Following
Followers
Listen
CHBeckRecht Verlag CHBeck Recht
Die "Neue Zeitschrift für Sozialrecht" (NZS) aus dem Verlag C.H.Beck erscheint ab sofort zweimal monatlich. Infos unter www.presse.beck.de
12 Jan.
Arbeitszeugnis Claudia Kilian von CHBeckRecht
Angst im Job? Autorenkollegin Stackelberg im Interview mit Karriere.de http://tinyurl.com/4mjbcq2
11 Jan.
CHBeckRecht Verlag CHBeck Recht
Die beliebtesten beck-blog Beiträge 2010 (von über 1200) im Ranking unter http://ow.ly/3zQcc (MB)
7 Jan.

Mehrere Twitterer in der Firma koordinieren

Wird Ihr Twitter-Account von mehr als einer Person betreut, **sollten Sie deren Namen irgendwo bekannt geben.** Hierfür eignet sich der folgende dreiteilige Ansatz recht gut:

1. **Geben Sie die Namen der Twitterer in der 160-Zeichen-Biografie an.** Dort schauen Suchmaschinen nach Informationen, und aus dieser Quelle schöpft auch die Twitter-API, um Ihr Benutzerkonto in Programmen und Clients von Drittherstellern anzuzeigen (beschrieben in Kapitel 2). Natürlich sind 160 Zeichen nicht gerade viel. Am Ende reicht es vielleicht gerade für die Namen und die Abteilung des Teams.
2. **Unterschreiben Sie die Tweets mit den Initialen des jeweiligen Autors.** Stellen Sie den Initialen einfach Satzzeichen voran, damit die Leser sie als Unterschrift identifizieren können.
3. **Sie können auch einen eigenen Hintergrund erstellen, um die twitternden Mitarbeiter mit Bild vorzustellen.** Dies lässt Ihr Unternehmen als nahbar erscheinen; Kunden können sich bereits ein Bild von dem Mitarbeiter machen, den sie vielleicht kontaktieren wollen.

ALLE SPIEGEL-ONLINE-TWITTER IM ÜBERBLICK:

alle Topmeldungen - die wichtigsten Artikel des Tages

SPIEGEL_EIL - alle Eilmeldungen von SPIEGEL ONLINE

SPIEGEL ONLINE komplett - twitter mit allen Artikeln

SPIEGEL_live - unser Kanal für Live-Debatten über aktuelle Themen und für Live-Tickermeldungen über ausgewählte Ereignisse

SPIEGEL TV - die aktuellen Videos von SPIEGEL ONLINE

Seite 2 - die besten Analysen, Reportagen, Interviews

nur Politik
nur Wirtschaft
nur Panorama
nur Sport
nur Kultur
nur Netzwelt
nur Wissenschaft
nur UniSPIEGEL
nur SchulSPIEGEL
nur Reise
nur Auto

Rezensionen zu Kino, TV, Musik, Büchern, DVDs, Technik...
für zwischendurch - Quiz, Hohlspiegel, Zwiebelfisch, Technikärgernisse...

einestages - Zeitgeschichten auf SPIEGEL ONLINE

SPAM - Satire @ SPIEGEL ONLINE

Schräge Schilder - die Serie mit bizarren Verkehrstafeln
Lasse König - der Autor unserer Poker-Kolumne Flush Hour

MERIAN.de - das Reiseportal (in Kooperation mit SPIEGEL ONLINE)

Mehrere Benutzerkonten koordinieren

Wenn mehrere Mitarbeiter auf dem Twitter-Account der Firma schreiben, ist das eine Sache. Wie geht man aber mit mehreren Benutzerkonten um? **Machen Sie auf die verschiedenen Accounts an zwei offensichtlichen Orten aufmerksam**, damit Ihre Kunden verstehen, welche Accounts für sie interessant sind:

1. **Erstellen Sie auf Ihrer Website eine Seite mit einer Liste aller Benutzerkonten.** Wie Sie sehen, betreibt Spiegel Online Dutzende von Twitter-Accounts: Sie wurden gruppiert, damit die potenziellen Follower einen schnellen Überblick über die verschiedenen Accounts gewinnen können.

2. **Geben Sie auf Ihrem Profilhintergrund andere wichtige Twitter-Accounts an.** Wenn Sie beispielsweise mehrere Kundendienst-Accounts betreiben, dann zeigen Sie alle. Ein gutes Beispiel finden Sie unter http://twitter.com/comcastcares.

Twitter-Tipp

Damit die Leute Ihre verschiedenen Konten finden und verstehen, sollten die Konten untereinander kommunizieren. Verschicken Sie Retweets voneinander, nennen Sie sich gegenseitig, und tauschen Sie Nachrichten aus. Es gibt keinen Grund, das zu übertreiben, aber auch nicht dafür, jede Interaktion zu vermeiden.

AVAYA
Avaya Deutschland
@Avaya_D Frankfurt am Main, Germany
Wir sind ein weltweit führender Anbieter moderner, intelligenter Kommunikation. Dazu gehören Lösungen für Unified Communications, Contact Center und Datennetze.
http://www.avaya.de
Folgen

Sorgen Sie dafür, dass Sie auch gefunden werden

Einen **häufigen Fehler begehen Firmen auf Twitter, wenn sie das Profil so ausfüllen, dass sie nur schwer auffindbar sind** (unter Suchen → Leute).

Das Problem tritt auf, wenn Sie das Feld „Name" benutzen, um die Person zu nennen, die tatsächlich twittert. Hier tragen Sie besser Ihren Firmennamen ein und beschreiben die Person, die für Ihre Firma twittert, stattdessen im Feld „Bio". Warum? Weil die Twitter-Suche im Namensfeld und nicht in der Bio nachsieht, ob jemand existiert. In den allermeisten Fällen suchen Kunden jedoch nach Ihrem Firmennamen und nicht nach dem Namen bestimmter Mitarbeiter.

Außerdem verwendet Twitter nicht das Feld „Benutzername", sondern „Name", um Ihnen mitzuteilen, dass Ihnen jemand folgt. Ist der Benutzername also „GoldMeister", während der „Name" auf „Gerd Blech" lautet, erhalten andere Twitterer die Nachricht, dass ihnen Gerd Blech folgt, ohne zu merken, dass das Benutzerkonto tatsächlich zu GoldMeister gehört.

Twitter-Tipp

Twitter weitet seine Zusammenarbeit mit Firmen immer mehr aus und bietet seit einiger Zeit Firmen an, sogenannte **Promoted Tweets** an Follower zu verschicken. Mehr Informationen dazu finden Sie unter http://support.twitter.com/articles/142101-what-are-promoted-tweets.

Mayersche Mayersche
@read_beyourself ?? Bücher verschenken?
6 Jan.

Mayersche Mayersche
@SchokoKitty Danke! - Das hört man gerne. Keine Sorge: Wir bleiben. Umbau ist ja auch immer eine Chance. #Optimist
6 Jan.

Mayersche Mayersche
@Mainstreamgoere Danke :-)
6 Jan.

Mayersche Mayersche
@SchokoKitty Nein, noch nichts Genaues. Aber wir werden nicht!! schliessen. Umziehen oder Umbauen vielleicht - aber nicht Aufgeben!
6 Jan.

Seien Sie gesprächig

Wie schon zu Beginn dieses Kapitels erwähnt, ist Twitter ein fantastisches Medium für Gespräche und Konversationen, und genau das ist es, was Twitterer von Ihnen erwarten. Wenn Sie keine einseitigen PR-Kampagnen abgelassen, sondern stattdessen den Austausch mit Ihren Followern gepflegt haben, dann haben Sie **Twitter auf eine Art benutzt, die mit anderen Kommunikationskanälen nicht möglich ist.**

Ob so eine Konversation stattfindet, können Sie an der Anzahl der @Nachrichten ablesen, wie in Kapitel 1 und 3 beschrieben. Dieser Benutzer-Account von der Mayerschen Buchhandlung ist ein gutes Beispiel: Die vier gezeigten Nachrichten sind @Antworten. Immer mehr Benutzerkonten von Firmen und Organisationen sehen so aus.

(Bedenken Sie: @Antworten werden normalerweise nur von Twitterern gesehen, die beiden Konversationspartnern folgen. Wenn Sie wollen, dass alle Follower Ihre Antwort sehen können, sollten Sie das @-Zeichen nicht an den Anfang des Tweets schreiben. Mehr zu diesem wichtigen Thema finden Sie in Kapitel 4.)

@Fraunhofer
Fraunhofer Presse
RT @iaostuttgart: Expertise-to-Go: Die Antworten auf Ihre Fragen zum Thema Social Software http://bit.ly/fqrKDI (sh)
10 Dez via HootSuite
Als Favorit markieren
Retweete
Antworten

@OReilly_Verlag
OReilly_Verlag
Viel Spaß! RT @Asphar: Gleich geht's los! http://on.fb.me/eNobiO #schneemann #koeln #flashmob
26 Dez via TweetDeck
Als Favorit markieren
Retweet
Antworten

Leiten Sie Tweets Ihrer Kunden per Retweet weiter

Wie in Kapitel 1 und 3 besprochen wird, sind Retweets ein wichtiger Teil der Art, wie auf Twitter kommuniziert wird. **Um wirklich Teil der Gemeinschaft zu sein,** machen Sie es wie alle: Verbreiten Sie die Meldungen Ihrer Mitmenschen per Retweet weiter.

Hierdurch zollen Sie anderen Twitterern Respekt und verstärken ihre Stimmen – beides großartige Aktionen zum Aufbau von Beziehungen. Es zeigt auch, dass Sie ähnliche Interessen haben (wie im hier gezeigten Fraunhofer-Beispiel) oder dass Sie gerne helfen, den Vorschlag eines Kunden oder Geschäftspartners zu verbreiten (wie im O'Reilly-Beispiel).

CanonSchubser Sven Schumacher
Kaum hat man eine gewisse Liebe zu #bionade entdeckt, muss man feststellen das es der schwäbische Einzelhandel nicht her gibt.:(
31 Dez

in Antwort auf @CanonSchubser ↑

@BIONADE_GmbH
BIONADE GmbH

@CanonSchubser Das tut uns wirklich leid. Wir haben einen Teil der Bezugsquellen online zusammengestellt: http://bit.ly/ij3F2M

31 Dez via web ☆ Als Favorit markieren Retweete Antworten

Solide Unterstützung für Ihre Kunden

Oft tauchen Probleme wie die oben links auf, wenn Ihr Twitter-Account Teil des Kundendienstes ist. Mit Twitter können Sie **öffentlich antworten** und zeigen, dass Ihre Firma reagiert. Noch besser: Hat ein Kunde ein Problem, haben andere wahrscheinlich ein ähnliches Problem. Öffentliche Antworten können vielen Menschen auf einmal helfen. (Einzelfragen sollten eher per DM geklärt werden.)

Daneben können Sie auch die Twitter-Suche beobachten (siehe Kapitel 2) und beispielsweise auf Beschwerden über Ihre Firma antworten. Wenn Sie sich Kunden auf diese Weise nähern, sollten Sie das sehr vorsichtig tun. Einige werden sich freuen, von Ihnen zu hören, andere finden es vermutlich ein bisschen gruselig.

Gibt es viele Rückmeldungen von Kunden, lohnt es sich vielleicht, einen oder mehrere Kundendienst-Accounts zu eröffnen.

Twitter-Tipp

Weiter vorn in diesem Kapitel haben wir betont, wie wichtig es ist, dass die Person, die den Twitter-Account betreut, eine gute Verbindung zu Ihrem Kundendienst hat. Ansonsten kann es schnell passieren, dass Ihre Kunden zusätzliche Schritte unternehmen müssen, um ihre Probleme zu lösen.

@OReilly_Verlag
OReilly_Verlag

"The Brick Thief" - ein liebevoll gemachter Lego-Stop-Motion-Film. Ansehenswert! http://bit.ly/fXl2re

5 Jan. via web ☆ Als Favorit markieren Retweete Antworten

@Duesselgo
Düsseldorf

Website d. Woche bei Duesselgo: Kölsch ist kein Bier! Außerdem weist das gesunde Altbier per 100 ml nur 41 kcal auf! http://on.fb.me/hijHeK

vor 1 Stunde via web ☆ Als Favorit markieren Retweete Antworten

Schreiben Sie möglichst WENIG über Ihre Firma

Wenn Sie eine Marke besitzen, die viele mögen, wird es Ihnen vermutlich verziehen, wenn Sie hauptsächlich über Ihre eigene Firma berichten. Ihre Kunden mögen Sie, und sie wollen mehr. Ist Ihre Firma den meisten Leuten aber unbekannt oder haben Sie einen gemischten Ruf oder wollen Sie Ihre Twitter-Beziehungen einfach nur enger knüpfen, **dann stellen Sie sich Twitter als eine Möglichkeit vor, gegenseitig interessante Informationen auszutauschen.**

Anstatt hauptsächlich Informationen über Ihre Firma zu verbreiten, posten Sie besser Links auf Seiten anderer Menschen, Ressourcen und Tipps, die für diejenigen, die Ihnen folgen, interessant sein könnten. Die beiden hier gezeigten Beispiele folgen genau diesem Prinzip.

Dieser Ansatz hilft, Ihre Glaubwürdigkeit bei alten und neuen Kunden sowie anderen Auftraggebern zu stärken. Außerdem machen diese Informationen Sie interessanter für Journalisten.

@yeebase_t3n
t3n Magazin

Steht dein Mediaplan schon? […] Wir haben unserer "Werben auf t3n" Seite mal ein neues Outfit spendiert. t3n.de/app/werben/

vor 2 Stunden via Twitter for Mac ☆ Als Favorit markieren ⇄ Retweeten ↰ Antworten

@letapir
le tapir

boris becker und sein sprungturm. http://tinyurl.com/38ox7lw #borisbecker #foto #kunst

vor 1 Stunde via web ☆ Als Favorit markieren ⇄ Retweeten ↰ Antworten

Kreativ auf eigene Sites verlinken

Selbst wenn Sie Twitter hauptsächlich verwenden, um Informationen zu posten, die nicht direkt mit Ihrer Firma zu tun haben, können – und sollten – Sie gelegentlich einen Link auf Ihre eigene Website oder Ihr Blog setzen. Viele Firmen haben gemerkt, dass über Twitter viele Interessenten zu ihnen kommen. Das sollten Sie sich nicht entgehen lassen – nur sollten Sie das schlau anstellen.

Der Trick ist, den Link so zu präsentieren, dass er für Ihre Follower interessant ist. Anstatt zu sagen, „Neuer Blog-Artikel: Langweilige Überschrift, http://ihr-blog.com“, versuchen Sie etwas in der Art der hier gezeigten Beispiele. Bauen Sie einen Spannungsbogen auf, der Ihre Follower dazu verleitet, dem Link zu folgen.

Twitter-Tipp

Wenn Sie das meiste aus Twitter herausholen wollen, tappen Sie nicht in die Falle, einen RSS-Feed der Überschriften Ihrer Site oder Ihres Blogs zu verschicken. Zwar gibt es Dienste, die Verbindungen dieser Art automatisch für Sie erledigen. Allerdings führt dies eher zu einem unpersönlichen Account, der das Hauptmerkmal eines RSS-Readers dupliziert. Wozu das Ganze?

@funny_presents
DasPerfekteGeschenk

Glückskekse mit Ihren persönlichen Wunschtexten! Glückskeks + Wunschtext = #WunschKeks! Jetzt 10% Rabatt sichern. http://tiny.ly/67Rl

vor 4 Minuten via web ☆ Als Fav

@SWPde
Südwest Presse

Gewinnspiel: Karten für Atze Schröder. http://www.swp.de/792204

vor 10 Minuten via web ☆ Als Favorit markieren ⇄ Retweete ↰ Antworten

@pferde_markt
markt.de Pferde

Pferdeanzeigen: AUSVERKAUF..SCHIMMEL & REITER KASSEL in Kassel: Wir haben absofort AUSVERKAUF Alle... http://bit.ly/dQGhPA Pferde kaufen

vor 23 Stunden via twitterfeed ☆ Als Favorit markieren ⇄ Retweet ↰ Antworten

Mit Twitter Geld verdienen

Da Twitter eine Menge Besucher auf Ihre Site bringen kann, sollten Sie sich gut überlegen, wie Sie **es verwenden können, um Interessenten Ihre guten Angebote zu unterbreiten.** Einige erfolgreiche Taktiken sind beispielsweise:

1. **Promotion.** Bieten Sie spezielle Twitter-Rabatt-Codes an. Manche Firmen berichten, dass Sonderangebote wesentlich besser angenommen werden. Experimentieren Sie, um zu sehen, was für Sie am besten funktioniert.
2. **Gewinnspiele.** Eine Sache, die das Twitterversum liebt, sind gute Gewinnspiele. Spaß, kreative Spiele und gute Gewinne erzeugen eine Menge Aufmerksamkeit. (Wenn Sie ein Gewinnspiel durchführen, beschreiben Sie es auf jeden Fall auf Ihrer Website, und vergessen Sie die rechtlichen Details nicht.)
3. **Ausverkauf.** Informieren Sie Ihre Follower, wenn Sie einen Ausverkauf starten. Falls Sie ein eigenes Geschäft betreiben, sollten Sie melden, wenn neue Artikel am Lager sind.

Übrigens werden Gewinnspiele und gute Deals gern als Retweet weitergeleitet. Sie können also eine gute Methode sein, nicht nur das Geschäft anzukurbeln, sondern auch gute Follower zu gewinnen. Wenn Sie spezielle Angebote machen, versuchen Sie, sie ein paarmal zu posten, damit Sie auch auf dem Radar Ihrer potenziellen Kunden erscheinen.

@freezocker
freezocker

Kurze Wartungsarbeiten an unserer Website - diese wird in ca. 15 - 30 min wieder online sein.

27 Dez via TweetDeck ☆ Als Favorit markieren ⇄ Retweete ↰ Antworten

@freezocker
freezocker

Unsere kleinen Wartungsarbeiten am Userprofil sind erstmal abgeschlossen. Nun könnt ihr die letzten Forenposts vom jeweiligen User sehen.

6 Jan via TweetDeck ☆ Als Favorit markieren ⇄ Retweete ↰ Antworten

Twittern Sie über Probleme ... und Lösungen

Twitter ist ein großartiger Ort, um bekannt zu geben, dass es Probleme gibt. Die Website funktioniert nicht. Der Festsaal des Konferenzhotels ist wegen Überflutung geschlossen. Einer Ihrer Läden hat keine Schokomuffins oder Ähnliches mehr. **Es gilt einfach als guter, menschlicher Service, Ihren Mitmenschen mitzuteilen, dass Ihnen das Problem bekannt ist und dass es für die Kunden vielleicht etwas schwierig wird.**

Und natürlich gibt Ihnen Twitter auch die Chance, alle zu informieren, sobald das Problem gelöst ist.

@KiWi_Verlag
KiWi_Verlag

Halleluja! KiWi wichtelt
http://xurl.at/2fe

7 Dez via web ☆ Als Favorit markieren Retweet Antworten

@_Scheller
Fleischerei Scheller

Danke liebe Neukunden-war ein super Tag heute. Ich bin mir sicher, es wird Ihnen neben gesundheitlicher Sicherheit auch besser schmecken!

15 Jan. via Twitter for iPhone

@kuechentechnik
r Küchentechnik KG

Heute ist der 2. Messetag der #LivingKitchen. Wir freuen uns über die vielen Besucher. Hier ein paar neue Bilder: http://bit.ly/rk012011

vor 2 Minuten via web ☆ Als Favorit markieren Retweet Antworten

Posten Sie persönliche Updates

Wie bereits erwähnt, **gibt Twitter Ihnen eine phänomenale Chance, die menschliche Seite Ihrer Firma zu zeigen,** indem Sie Kunden helfen, mit jemandem Kontakt aufzunehmen, der für Sie arbeitet. Das beginnt damit, Ihre Twitterer beim Namen zu nennen. Der nächste Schritt besteht darin, gelegentliche persönliche Updates zu posten.

Persönliche Updates müssen nicht regelmäßig geschehen, und es ist in Ordnung, wenn Sie über berufliche Dinge schreiben. Allerdings sollten Sie auf jeden Fall von persönlichen Dingen berichten, da Ihre Follower diese Informationen lieber mögen, als Sie vermutlich erwarten.

Der Tweet von @kuechentechnik beinhaltet beispielsweise einen Link zu Fotos, die während einer laufenden Messe aufgenommen wurden. Klingt langweilig? 120 Leute haben den Link innerhalb von 12 Stunden angeklickt, um zu sehen, was dahinter steckt.

Es überrascht Sie vielleicht, aber kleine Tweets wie diese können einen großen Beitrag zum Aufbau stabiler Beziehungen leisten.

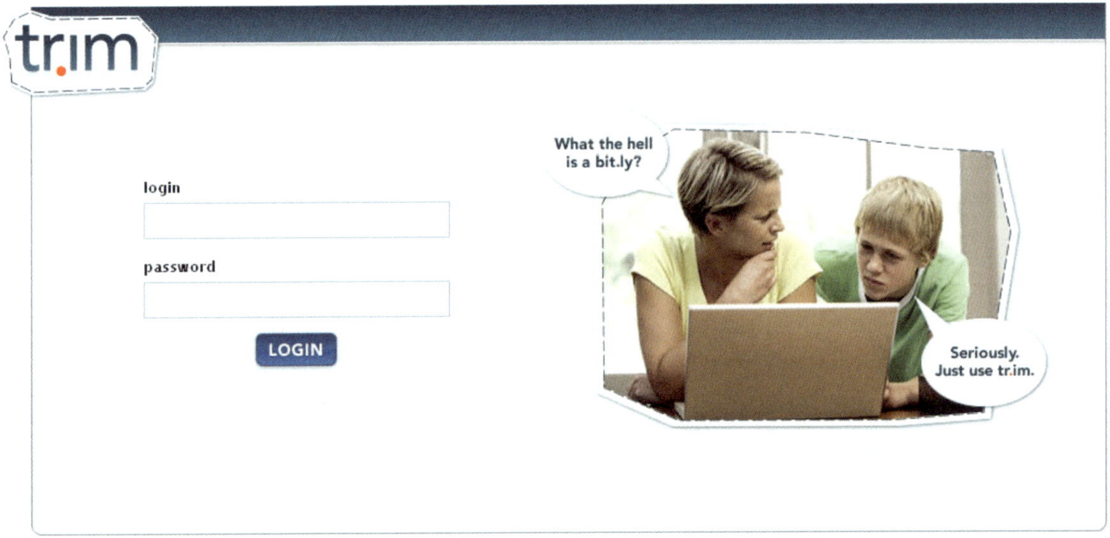
tr.im
login
password
LOGIN
What the hell is a bit.ly?
Seriously. Just use tr.im.

URL-Verkürzungsdienste und Klicks

Wenn Sie Twitter benutzen, um Traffic auf Ihre Seite zu bringen, kann eine Messung des Besucherstroms praktisch sein. Falls Sie kein Google Analytics oder oder ähnliche Werkzeuge verwenden, **können Sie den Traffic auch mit einem URL-Verkürzungsdienst messen.**

Verschiedene Dienste, die diese Möglichkeit bieten, sind **Bit.ly** (http://bit.ly); **Tr.im** (http://tr.im) und **Cli.gs** (http://cli.gs). (Bei allen können Sie auch eigene kurze URLs erzeugen.)

URL-Verkürzungsdienste sind für diesen Zweck aber nicht ideal, weil manche Leute im Retweet den URL verändern. Trotzdem kann ein solcher Dienst Ihnen einen Eindruck davon geben, wie viel Traffic Twitter Ihnen bringt. Mehr Informationen erhalten Sie von **Tweet-Reach** (http://tweetreach.com), das Ihnen die Anzahl der Leser einer Nachricht zeigt.

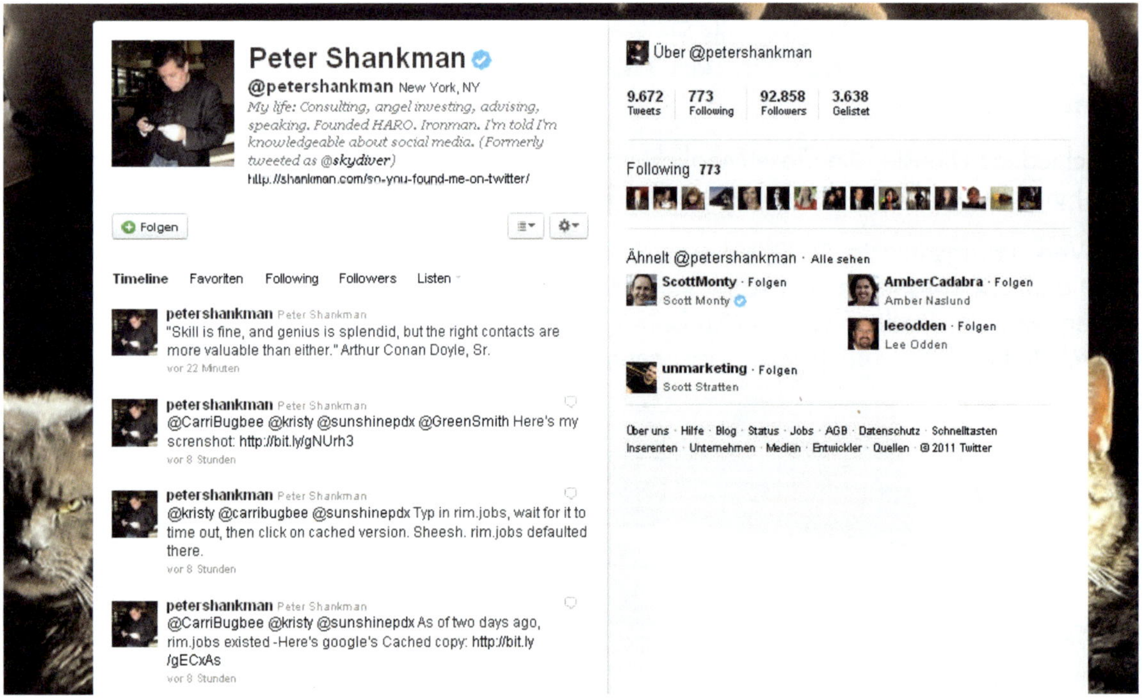
Peter Shankman
@petershankman New York, NY
My life: Consulting, angel investing, advising, speaking. Founded HARO. Ironman. I'm told I'm knowledgeable about social media. (Formerly tweeted as @skydiver)
http://shankman.com/so-you-found-me-on-twitter/
Folgen
Timeline
Favoriten
Following
Followers
Listen
petershankman Peter Shankman
"Skill is fine, and genius is splendid, but the right contacts are more valuable than either." Arthur Conan Doyle, Sr.
vor 22 Minuten
petershankman Peter Shankman
@CarriBugbee @kristy @sunshinepdx @GreenSmith Here's my screnshot: http://bit.ly/gNUrh3
vor 8 Stunden
petershankman Peter Shankman
@kristy @carribugbee @sunshinepdx Typ in rim.jobs, wait for it to time out, then click on cached version. Sheesh. rim.jobs defaulted there.
vor 8 Stunden
petershankman Peter Shankman
@CarriBugbee @kristy @sunshinepdx As of two days ago, rim.jobs existed -Here's google's Cached copy: http://bit.ly/gECxAs
vor 8 Stunden
Über @petershankman
9.672 Tweets
773 Following
92.858 Followers
3.638 Gelistet
Following 773
Ähnelt @petershankman · Alle sehen
ScottMonty · Folgen
Scott Monty
AmberCadabra · Folgen
Amber Naslund
leeodden · Folgen
Lee Odden
unmarketing · Folgen
Scott Stratten
Über uns · Hilfe · Blog · Status · Jobs · AGB · Datenschutz · Schnelltasten
Inserenten · Unternehmen · Medien · Entwickler · Quellen · © 2011 Twitter

Journalisten und PR-Leute einbeziehen

Auf Twitter tummeln sich Tausende von Journalisten, Medienspezialisten und PR-Leuten. Wenn Sie Ihrer Firma etwas Aufmerksamkeit verschaffen wollen, **kann Twitter sich hervorragend eignen, um mit diesen Menschen in Kontakt zu kommen.** Hierzu ein paar Tipps:

1. **Schreiben Sie gute Meldungen.** Wenn Ihr Twitter-Account für Ihren Bereich als wichtige Informationsquelle gilt, vertrauen Ihnen Journalisten deutlich stärker. Vielleicht finden sie Sie sogar durch RTs und Kommentare anderer Leute.

2. **Folgen Sie den Medienleuten, die über Ihr Geschäftsfeld berichten.** Oft twittern sie, wenn Sie nach neuen Quellen suchen. Folgen Sie diesen Leuten, kann das außerdem der erste Schritt einer neuen Beziehung sein. Aber seien Sie vorsichtig. Viele Menschen suchen die Nähe von Medienleuten. Eigennutz können Sie noch aus mehreren Kilometern Entfernung riechen. (Wir sind selbst Medienleute, wir wissen also, wovon wir sprechen.)

3. **Folgen Sie Peter Shankman (@petershankman).** Er postet regelmäßig (englischsprachige) Anfragen von Reportern, die nach Quellen suchen.

Mayersche

@Mayersche vollständiges Profil ansehen →

*Willkommen bei der Mayerschen Buchhandlung auf Twitter. Folge uns auch auf facebook.com/**Mayersche** youtube.com/**Mayersche*** http://www.mayersche.de

1.402	1.491	1.476	152
Tweets	Following	Followers	Gelistet

OOP Konferenz

@oop_conference vollständiges Profil ansehen →

München

OOP 2011 - 20 Jahre OOP! 24.-28.01.2011 ICM München Treffpunkt in Europa für Softwarearchitekten und Entscheider. http://www.OOP2011.de

1.182	1.892	1.838	91
Tweets	Following	Followers	Gelistet

Pfalz Buchhandlung

@PfalzBuchhandel vollständiges Profil ansehen →

Meckenheim/Pfalz

Bücher über die Pfalz und Pfälzer Mundart-Literatur http://www.pfalz-buchhandlung.de/x/

397	191	197	36
Tweets	Following	Followers	Gelistet

Folgen Sie (fast) jedem, der Ihnen auch folgt

Einzelpersonen haben eine große Auswahl, wem und wie vielen Leuten sie folgen können. Firmen haben meist weniger Bandbreite. Wenn einem Unternehmen jemand folgt, heißt das: „Ich bin an Ihnen interessiert und möchte mit Ihnen ins Gespräch kommen." Wenn Sie diesen Leuten ebenfalls folgen, **schicken Sie die gleiche Nachricht, was sie vermutlich freuen wird.** Zusätzlich steht Ihnen beim gegenseitigen Folgen der DM-Kanal (siehe Kapitel 1) zur Verfügung, der eine Schlüsselrolle beim Kunden-Support spielen kann.

Wenn Sie einem Interessenten nicht ebenfalls folgen, wirken Sie distanziert, uninteressiert oder gar arrogant – genau das Gegenteil dessen, was Ihre Firma auf Twitter eigentlich erreichen will.

Wenn Sie blind allen Leuten folgen, die auch Ihnen folgen, gibt es allerdings ein paar Fallstricke. Erstens kostet es Zeit (auch wenn es Programme von Drittherstellern gibt, die das automatisch erledigen). Zweitens kann es leicht passieren, dass Sie dadurch Spammern, Pornostars oder anderen folgen, mit denen Ihre Firma eigentlich nicht in Verbindung gebracht werden will.

Wenn Sie die Zeit haben, jeden Follower unter die Lupe zu nehmen, prima. Falls nicht, empfehlen wir, sich nicht zu viele Sorgen zu machen und prinzipiell allen Leuten auch zu folgen und dabei vielleicht die Konten mit allzu vulgären Namen zu überspringen.

Wenn Sie allen Ihren Followern folgen und dabei merken, dass Sie die wichtigen Benutzerkonten aus dem Auge verlieren, sollten Sie einen der Tricks aus Kapitel 5 verwenden, um die Benutzer mit hoher Priorität aus der Masse herauszufiltern.

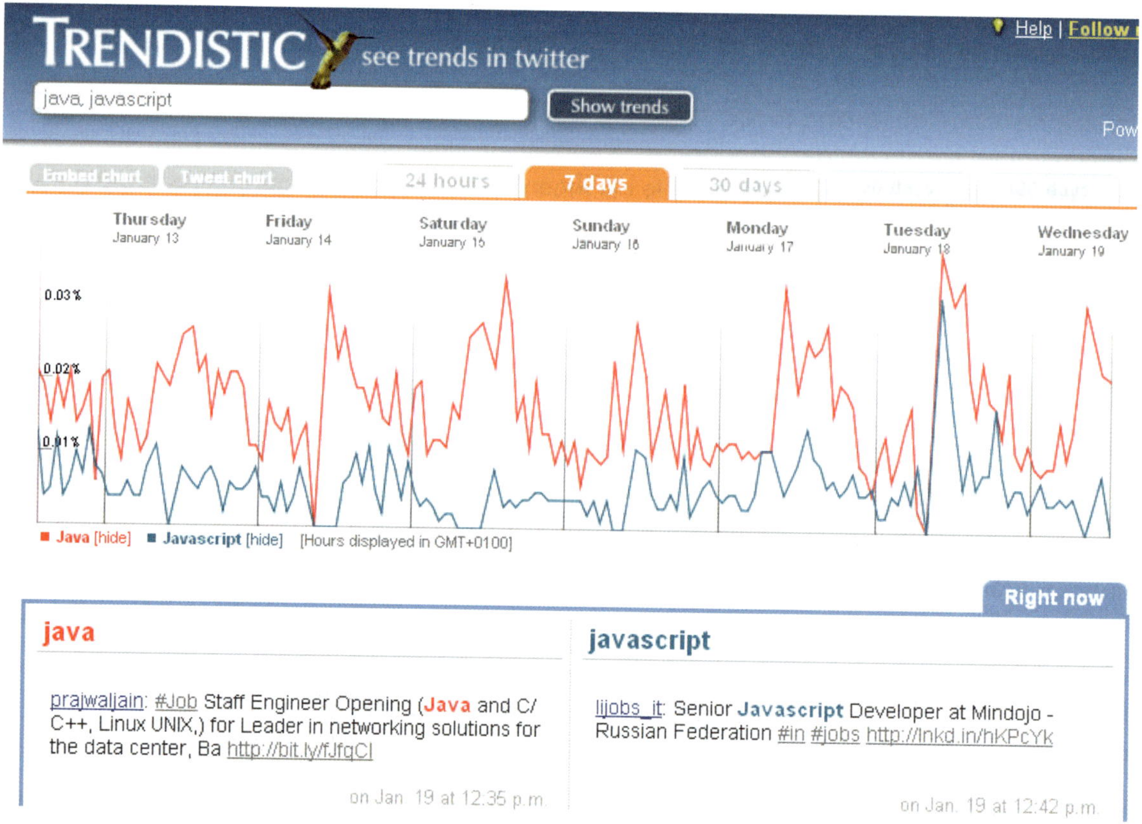

TRENDISTIC
see trends in twitter
Help | Follow
java, javascript
Show trends
Embed chart
Tweet chart
24 hours
7 days
30 days
Thursday January 13
Friday January 14
Saturday January 15
Sunday January 16
Monday January 17
Tuesday January 18
Wednesday January 19
0.03%
0.02%
0.01%
Java [hide]
Javascript [hide]
[Hours displayed in GMT+0100]
Right now
java
prajwaljain: #Job Staff Engineer Opening (Java and C/C++, Linux UNIX,) for Leader in networking solutions for the data center, Ba http://bit.ly/fJfqCI
on Jan. 19 at 12:35 p.m.
javascript
lijobs_it: Senior Javascript Developer at Mindojo - Russian Federation #in #jobs http://lnkd.in/hKPcYk
on Jan. 19 at 12:42 p.m.

Drei wichtige Werkzeuge für geschäftliche Benutzerkonten

Wenn Sie geschäftlich twittern, brauchen Sie ein paar **extrastarke Werkzeuge für die Analyse von Trends und die Verwaltung Ihrer Benutzerkonten.** Hier ein paar Empfehlungen:

1. **Trendistic** (http://trendistic.com/). Mit Trendistic können Sie das Vorkommen verschiedener Themen auf Twitter vergleichen. Das Werkzeug eignet sich gut, um herauszufinden, warum eine Idee beliebter ist als eine andere.

2. **TweepDiff** (http://tweepdiff.com) ist ein großartiges Werkzeug, um die Follower mehrerer Benutzerkonten zu vergleichen. Das kann hilfreich sein, wenn es zwischen mehreren Konten Überschneidungen der Auftraggeber gibt.

3. **CoTweet** (http://cotweet.com) ist ein externer Twitter-Client, der speziell für Firmen entwickelt wurde. Er enthält eine Reihe durchdachter Eigenschaften, die Ihnen helfen, mehrere Autoren und Konten zu verwalten.

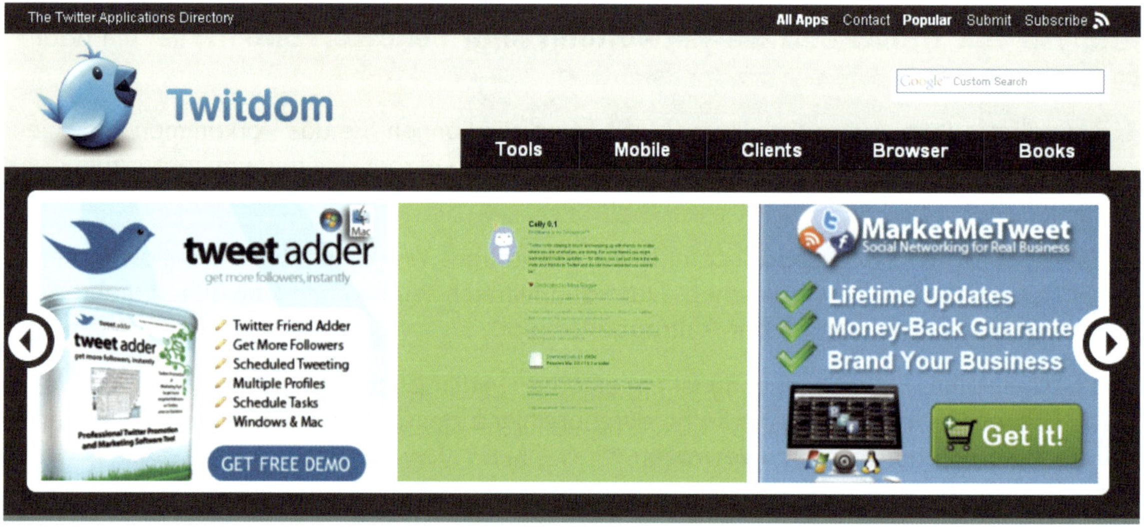
The Twitter Applications Directory
All Apps Contact Popular Submit Subscribe
Twitdom
Custom Search
Tools
Mobile
Clients
Browser
Books
tweet adder
get more followers, instantly
Twitter Friend Adder
Get More Followers
Scheduled Tweeting
Multiple Profiles
Schedule Tasks
Windows & Mac
GET FREE DEMO
MarketMeTweet
Social Networking for Real Business
Lifetime Updates
Money-Back Guarante
Brand Your Business
Get It!

Suchen Sie regelmäßig nach neuen Twitter-Diensten

Die Zahl der Dienste, die täglich neu erscheinen, ist so groß, dass es schon kaum noch möglich ist, darüber den Überblick zu behalten.

Auf der Webseite von **Twitdom** (http://twitdom.com/) werden Informationen über Twitter-Dienste gesammelt. Hier können Sie sich über die neuesten Dienste informieren, die anschaulich nach griffigen Kategorien sortiert sind.

Twitter-Tipp

Schauen Sie doch, wenn Sie auf Twitdom sind, regelmäßig danach, was gerade die populärsten Twitter-Dienste und -Werkzeuge sind. Dies gibt Ihnen fast immer Anregungen, um neue Dienste oder gar neue Funktionalitäten kennenzulernen, die auch mit Twitter möglich sind.

KAPITEL 7 | Twitter mit anderen Websites verbinden

Viele Menschen twittern nicht nur, sondern führen auch elektronische Tagebücher, sogenannte Blogs, oder betreiben eine eigene Website. Manche sind in dem sozialen Netzwerk Facebook zu finden oder sind auf anderen Online-Communities aktiv. Und oftmals möchten sie die gleichen Botschaften auf mehreren Kanälen gleichzeitig verbreiten, und das zeitsparend automatisiert.

In diesem Kapitel erfahren Sie, wie auch Sie Ihre Twitter-Aktivitäten in Facebook integrieren oder auf Ihrem Blog unterbringen und wie Sie die Inhalte verschiedener Webcommunities automatisch synchronisieren.

facebook
Suche
Startseite
Profil
Konto
heise online
Zu den Favoriten meiner Seite hinzufügen
Informationen
Info:
heise online: News rund um IT und darüber hinaus
http://www.heise.de/
3 Freunden gefällt das
Inken
Claudia
Christine
3.398 Personen gefällt das
Juri
Hauke
Ulrike
Lieblingsseiten
4 Seiten
Alle anzeigen
heise Security
Heise
Mac & i
heise online Telekom hofft auf Konkurrenz für Google und Apple http://ho.ct.de/dL3DC über twitterfeed · vor 23 Stunden
Pinnwand
Info
heise online Telekom hofft auf Konkurrenz für Google und Apple http://ho.ct.de/dL3DC
vor 23 Stunden über twitterfeed · Gefällt mir · Kommentieren
heise online Security-Firma entwirft Tools zur Meinungsmache mit Kunstfiguren http://ho.ct.de/gY7HIk
Sonntag um 17:24 über twitterfeed · Gefällt mir · Kommentieren · Feedback verbergen (4)
2 Personen gefällt das.
Juliane hm, jetzt fragt man sich schon, wer das alles schon austesten konnte
Sonntag um 17:28 · Gefällt mir · 2 Personen · Melden
Michael @Juliane das Heiseforum :) die Trollwiese lässt freundlich grüßen.
Sonntag um 17:57 · Gefällt mir · Melden
Schreibe einen Kommentar ...
heise online Google verlangt Überprüfung von Java-Patenten http://ho.ct.de/gsV6ho
18. Februar um 11:12 über twitterfeed · Gefällt mir · Kommentieren · Feedback verbergen (1)
Stefan gefällt das.
Schreibe einen Kommentar ...
heise online Nokias nächste Milliarde http://ho.ct.de/hAJN78
17. Februar um 14:11 über twitterfeed · Gefällt mir · Kommentieren · Feedback verbergen (1)
Markus gefällt das.
Schreibe einen Kommentar ...
Personen, die du vielleicht kennst
Finde Personen, die du hierher kennst: O'Reilly Verlag.
Finde Personen, die du hierher kennst: Aachen, Germany.

Tweets zu Facebook weiterleiten

Wenn Sie schon einmal bei Facebook reingeschnuppert haben, dann haben Sie sicher einige Ähnlichkeiten zu Twitter festgestellt. So erinnert Sie sicherlich die Liste der Statusmeldungen an die Timeline bei Twitter.

Einer der größten Unterschiede besteht jedoch darin, dass Ihre Meldungen bei Twitter öffentlich sind (außer Sie schützen Ihre Tweets extra), während bei Facebook nur diejenigen mitlesen können, die sich das ausdrücklich gegenseitig erlaubt haben.

Bei dieser Ähnlichkeit erscheint es sinnvoll, dass **Nachrichten, die Sie auf Twitter veröffentlichen, auch bei Facebook erscheinen.** Für dieses „Cross-Senden" gibt es zwei Gründe:

Auf Facebook wirkt man leicht inaktiv. Eine Weiterleitung von Tweets kann Ihre Facebook-Präsenz beleben.

Wenn Sie Facebook benutzen, um mit alten Freunden in Kontakt zu bleiben, können Sie mit der Weiterleitung von Tweets eine Menge Kommentare einsammeln. In der Abbildung sehen Sie eine komplett durch Twittermeldungen gespeiste Facebook-Seite.

Viele Programme von Drittherstellern (ein paar Empfehlungen finden Sie in Kapitel 2) können die Beiträge automatisch weiterleiten. Sie können sich aber auch von einem Facebook-Programm helfen lassen.

Selective Tweet Status
Selective Tweet Status lets you update your Facebook status from Twitter -
BUT you can choose which tweets you want - just end a tweet with #fb when you want to post it as your Facebook status - simple!
Your Profile
Your Fan Pages
Settings
Help
The one and only step:
To configure for Volker Bombien's profile page, just enter your Twitter username:
@
Save
If you have problems, see the help page
What are you doing?
now I can update my Facebook Status from Twitter only when I want to #fb
Latest: I often want to leave a status update on Facebook for a while without replacing it with subsequent tweets
update
apexa I often want to leave a status update on Facebook for a while without replacing it with subsequent tweets
apexa sometimes I want to update both my Facebook status and Twitter with the same message #f
Andy Young now I can update my Facebook Status from Twitter only when I wa
Wall
Info
Photos
Photo Album...
Boxes
Avoid confusing your Facebook friends
Don't swamp your profile with too many updates
Leave certain updates on Facebook for longer
If you're currently using the Twitter application or other app to update your status, remember to remove or disable it so that it doesn't keep updating with all your tweets.
Follow me: @andyy
This app was built by me - Andy. I hope you find it useful! It's been growing quite popular, so if it helps you, you may like to consider making a small donation.. :)
Make A Donation
Privacy policy · Contact developer

Twitter an Facebook

Mit **Selective Twitter Status** (http://apps.facebook.com/selectivetwitter/) gibt es eine bequeme Möglichkeit, einen Tweet auch in Ihrem Facebook-Account erscheinen zu lassen. Sie müssen dazu lediglich Ihrem Tweet ein „#fb" anfügen.

Um diese Möglichkeit nutzen zu können, gehen Sie bitte auf die **Facebook-Seite** http://apps.facebook.com/selectivetwitter/. Geben Sie dort links oben im Eingabefeld Ihren Twitter-Namen ein. Das war's schon, ab jetzt erscheint jeder Ihrer Tweets auch bei Ihren Facebook-Freunden als Statusmeldung. Aber #fb am Ende des Tweets nicht vergessen!

Möchtest Du Deine Twitter- und Facebook-Konten verknüpfen?
twitter
By clicking "Allow", your Twitter and Facebook accounts will be connected.
Connecting your accounts will not post anything to Twitter or Facebook without your explicit consent. You may remove the connection between your Twitter and Facebook accounts at any time.
Twitter mit Facebook verbinden zum:
Tweets in Deinen Facebook-Newsfeed oder Deine Facebook-Seite eintragen (optional)
teile Dein Twitter Profil mit Deinen Freunden bei Facebook
Abmelden wenn Du Dich mit einem anderen Konto als Graf_Protz verbinden willst.
Ablehnen
Erlauben

Facebook an Twitter

Die Twitter Facebook App (http://apps.facebook.com/twitter/) kombiniert Ihre Facebook-Seite mit Ihren Twitter-Aktivitäten.

Gehen Sie dazu auf die Seite http://apps.facebook.com/twitter/, und erlauben Sie Twitter den Zugriff auf Ihre Facebook-Daten. Anschließend werden Sie noch einmal ausdrücklich aufgefordert, einer Verbindung zwischen Ihrer Facebook-Seite und Ihrem Twitter-Account zuzustimmen.

Twitter-Tipp

Auch viele Twitter-Clients, wie beispielsweise die in Kapitel 2 vorgestellte Hootsuite, erlaubten Ihnen die bequeme, gleichzeitige Verwaltung Ihres Twitter- und Facebook-Accounts.

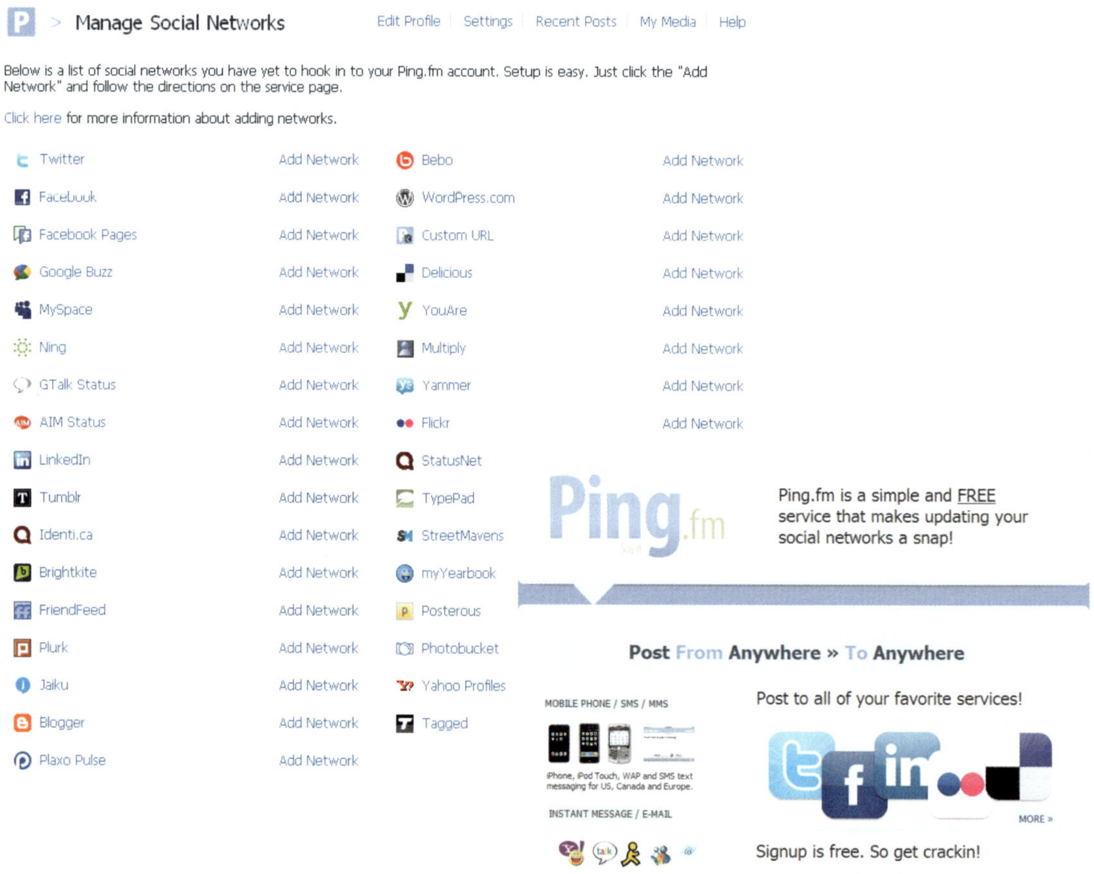
Manage Social Networks
Edit Profile | Settings | Recent Posts | My Media | Help
Below is a list of social networks you have yet to hook in to your Ping.fm account. Setup is easy. Just click the "Add Network" and follow the directions on the service page.
Click here for more information about adding networks.
Twitter Add Network
Facebook Add Network
Facebook Pages Add Network
Google Buzz Add Network
MySpace Add Network
Ning Add Network
GTalk Status Add Network
AIM Status Add Network
LinkedIn Add Network
Tumblr Add Network
Identi.ca Add Network
Brightkite Add Network
FriendFeed Add Network
Plurk Add Network
Jaiku Add Network
Blogger Add Network
Plaxo Pulse Add Network
Bebo Add Network
WordPress.com Add Network
Custom URL Add Network
Delicious Add Network
YouAre Add Network
Multiply Add Network
Yammer Add Network
Flickr Add Network
StatusNet
TypePad
StreetMavens
myYearbook
Posterous
Photobucket
Yahoo Profiles
Tagged
Ping.fm
Ping.fm is a simple and FREE service that makes updating your social networks a snap!
Post From Anywhere » To Anywhere
MOBILE PHONE / SMS / MMS
iPhone, iPod Touch, WAP and SMS text messaging for US, Canada and Europe.
INSTANT MESSAGE / E-MAIL
Post to all of your favorite services!
MORE »
Signup is free. So get crackin!

Mädchen für alles: Ping

Wenn Sie in mehreren sozialen Netzwerken aktiv sind und öfter dieselbe Nachricht über mehrere Netzwerke verbreiten wollen, dann sollten Sie den Einsatz eines Dienstes wie **Ping.fm** (http://ping.fmhttp://ping.fm) erwägen.

In Ping ist es möglich, zahlreiche soziale Netzwerke und Dienste – wie Flickr, Delicious und MySpace – unter einer einheitlichen Benutzeroberfläche zu verwalten.

Schreiben Sie nur noch einmal Ihre Nachricht, die Sie Ihren Freunden in mehreren Netzwerken mitteilen wollen, klicken Sie dann die Dienste an, an die Ihre Meldung gehen soll – und ab dafür …

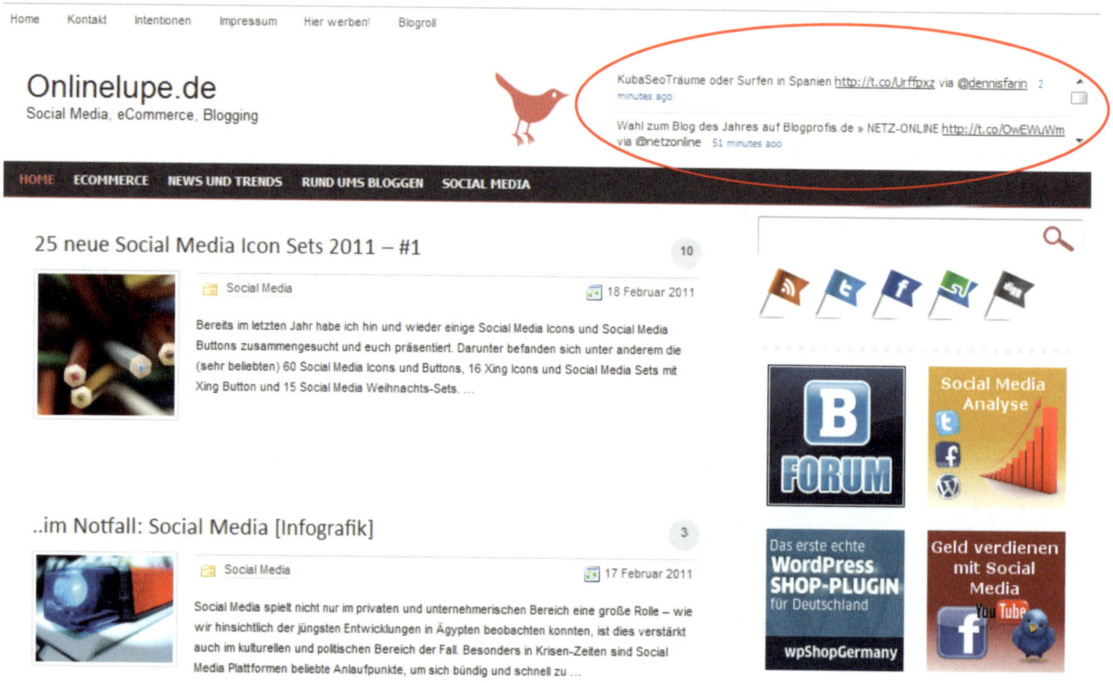
Home Kontakt Intentionen Impressum Hier werben! Blogroll
Onlinelupe.de
Social Media, eCommerce, Blogging
KubaSeoTräume oder Surfen in Spanien http://t.co/Urffpxz via @dennisfarin 2 minutes ago
Wahl zum Blog des Jahres auf Blogprofis.de » NETZ-ONLINE http://t.co/OwEWuWm via @netzonline 51 minutes ago
HOME ECOMMERCE NEWS UND TRENDS RUND UMS BLOGGEN SOCIAL MEDIA
25 neue Social Media Icon Sets 2011 – #1
10
Social Media
18 Februar 2011
Bereits im letzten Jahr habe ich hin und wieder einige Social Media Icons und Social Media Buttons zusammengesucht und euch präsentiert. Darunter befanden sich unter anderem die (sehr beliebten) 60 Social Media Icons und Buttons, 16 Xing Icons und Social Media Sets mit Xing Button und 15 Social Media Weihnachts-Sets. ...
..im Notfall: Social Media [Infografik]
3
Social Media
17 Februar 2011
Social Media spielt nicht nur im privaten und unternehmerischen Bereich eine große Rolle – wie wir hinsichtlich der jüngsten Entwicklungen in Ägypten beobachten konnten, ist dies verstärkt auch im kulturellen und politischen Bereich der Fall. Besonders in Krisen-Zeiten sind Social Media Plattformen beliebte Anlaufpunkte, um sich bündig und schnell zu ...
B FORUM
Social Media Analyse
Das erste echte WordPress SHOP-PLUGIN für Deutschland
wpShopGermany
Geld verdienen mit Social Media
YouTube

Tweets auf Blog und Website bringen

Wenn Sie nicht nur auf Twitter unterwegs sind, sondern darüber hinaus ein Blog oder eine eigene Website haben, unterstützt Twitter Sie dabei, Blog und Twitter-Kanal zu verbinden. Viele Blogger verweisen nämlich per Tweet auf ihre neuen Beiträge und erreichen damit nicht nur die Bloggingwelt, sondern eben auch das Twitterversum. Twitter fungiert gewissermaßen als Mikrofon für Ihr Blog.

Umgekehrt können Sie Ihre Tweets natürlich auch in Ihren Blog und Ihre Website einbinden. So finden Ihre Leser – darunter auch die, die gar keine Twitter-User sind – Ihre Botschaften.

Einige Dienste bieten individuelle Applikationen an, wie z.B. Myspace mit **Twitter Sync** (http://www.myspace.com/twittersync), das Ihre Tweets als Statusmeldung veröffentlicht. Für Last.fm gibt es beispielsweise **Lasttweet** (http://lasttweet.com/) – einen Codeschnipsel, der automatisch alle Tweets auf Ihre persönliche Last.fm-Seite bringt. Und alle Wordpress-Blogger sind zum Beispiel mit **Twitter for Wordpress** (http://wordpress.org/extend/plugins/twitter-for-wordpress/) gut beraten.

Wie diese gibt es noch viele andere, vor allem freie Tools, die Sie entweder auf der jeweiligen Community-Seite oder über die Suchanfrage „twitter sync" finden. Twitter bietet aber selbst kleine Programmschnipsel zum Synchronisieren, die wir Ihnen im Folgenden vorstellen.

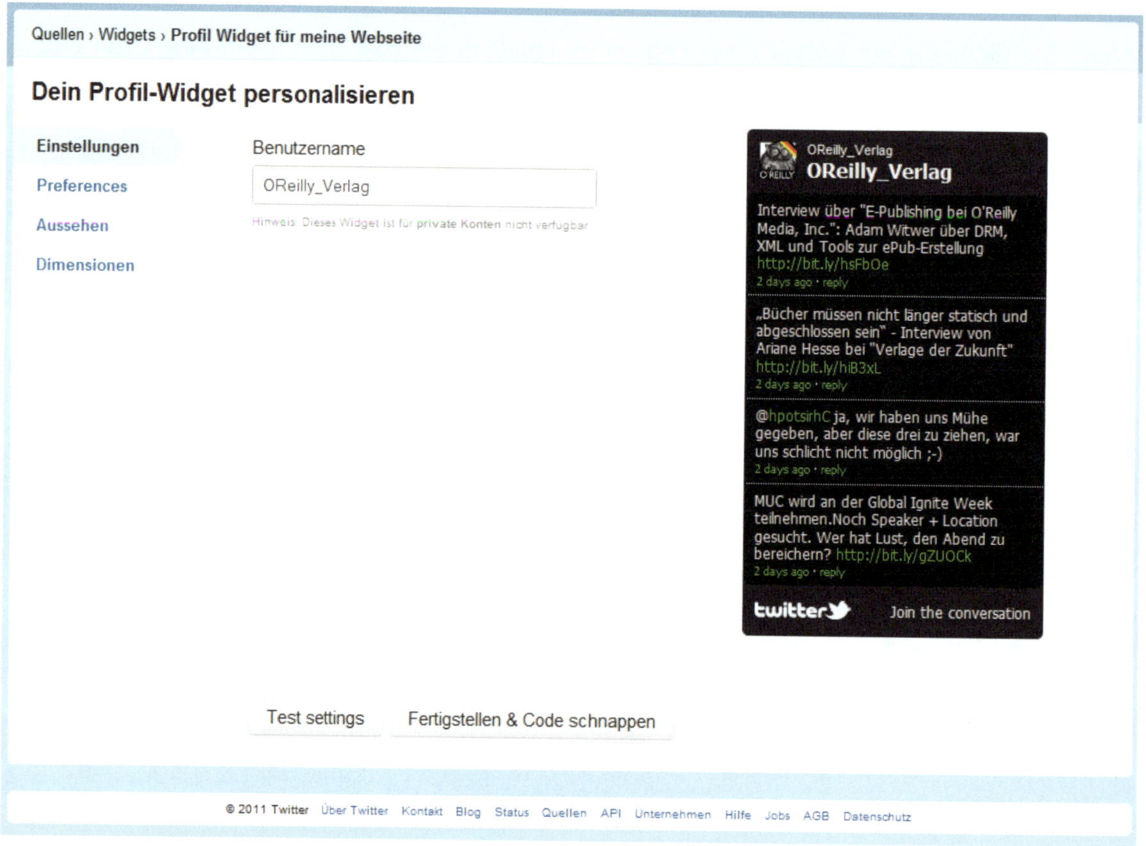
Quellen › Widgets › Profil Widget für meine Webseite
Dein Profil-Widget personalisieren
Einstellungen
Preferences
Aussehen
Dimensionen
Benutzername
OReilly_Verlag
Hinweis: Dieses Widget ist für private Konten nicht verfügbar
OReilly_Verlag
OReilly_Verlag
Interview über "E-Publishing bei O'Reilly Media, Inc.": Adam Witwer über DRM, XML und Tools zur ePub-Erstellung http://bit.ly/hsFbOe
2 days ago · reply
„Bücher müssen nicht länger statisch und abgeschlossen sein" - Interview von Ariane Hesse bei "Verlage der Zukunft" http://bit.ly/hiB3xL
2 days ago · reply
@hpotsirhC ja, wir haben uns Mühe gegeben, aber diese drei zu ziehen, war uns schlicht nicht möglich ;-)
2 days ago · reply
MUC wird an der Global Ignite Week teilnehmen.Noch Speaker + Location gesucht. Wer hat Lust, den Abend zu bereichern? http://bit.ly/gZUOCk
2 days ago · reply
twitter
Join the conversation
Test settings
Fertigstellen & Code schnappen
© 2011 Twitter Über Twitter Kontakt Blog Status Quellen API Unternehmen Hilfe Jobs AGB Datenschutz

Twitter-Widgets

Unter http://twitter.com/about/resources/widgets finden Sie verschiedene Angebote, mit denen Sie Twitter-Inhalte auf andere Webseiten bringen können:

1. **Profil-Widget.** Zeigt Ihre letzten Tweets auf jeder beliebigen Website an, z.B. in Ihrem Blog, auf Ihrer Homepage, aber auch auf dem sozialen Netzwerk MySpace, dem sozialen Musikportal last.fm oder auf anderen Seiten, auf die Sie gewisse Zugriffsrechte haben. Statt Ihres eigenen Twitter-Kanals können Sie auch die Tweets eines anderen Users auswählen. Das Kästchen selbst können Sie nach Ihren Wünschen farblich und gestalterisch anpassen – am besten so, dass es sich gut in Ihre Website einfügt.

2. **Such-Widget.** Wenn Sie Twitter immer nach denselben Begriffen durchsuchen, können Sie die Suchtreffer auch automatisiert in ein Kästchen auf Ihrer Website laufen lassen. Dazu dient das Such-Widget: Nachdem man es in den Quellcode der eigenen Website eingebunden hat, stellt es – in Echtzeit – alle Tweets mit einem bestimmten Suchbegriff dar. Das Such-Widget kann so z.B. Konferenzen begleiten, indem man automatisch alle Tweets mit dem Hashtag der Konferenz durchlaufen lässt.

3. **Faven-Widget.** Dies ist gewissermaßen Ihre Schatzkiste: Es speichert alle Tweets, die Sie als Favorit markiert haben, und stellt sie fortlaufend dar.

4. **Listen-Widget.** Es ist ganz besonders dann hilfreich, wenn Sie vielen oder vielen verschiedenen Twitterern folgen. Sie können Ihre Kontakte gruppieren (in Listen sortieren) und deren Tweets ebenfalls gruppiert in jeweils einem Listen-Widget darstellen (siehe dazu den Abschnitt „Mit Listen den Überblick behalten" in Kapitel 1).

t3n Open. Web. Business.

Magazin · Dienste · Themen · Mein t3n

Du bist hier: t3n News – *Meldungen und aktuelle Artikel zu Web, E-Business und Open Source*

von Falk Hedemann, 06.01.2011

159 Twittern · 89 Teilen

Social Media Marketing – Wieviel Zeit benötigen Facebook, Twitter & Co.?

Social Media ist in vielen Unternehmen angekommen und wird über Corporate Blogs, Facebook-Fanpages und Twitter-Accounts schon mehr oder weniger fleißig genutzt. Über das notwendige Social Media Marketing machen sich allerdings nur wenige Unternehmen wirklich Gedanken. Dabei ist das Marketing ein wesentlicher Faktor für den Erfolg bei einer Social Media Kampagne. Dazu gehört beispielsweise auch eine grundlegende Ressourcenplannung in den Bereichen Personal und Zeitaufwand.

Twitter-Buttons

Etwas dezenter weisen Sie mit Buttons, die Sie in Ihre Website einbinden können, auf Ihren Twitter-Kanal hin. Twitter bietet sogenannte „Follow me on Twitter"-Buttons. Um so einen Button auf Ihre Website oder in Ihrem Blog zu platzieren, gehen Sie auf den Link „Über Twitter" und dann auf „Quellen" (http://twitter.com/about/resources). Wählen Sie nun einen Button aus, und kopieren Sie den dazugehörigen Code, der in einem separaten Fenster angezeigt wird, an einen geeigneten Platz in Ihrer Website.

An gleicher Stelle finden Sie „Twittern"-Buttons. Sie sind zum Beispiel unter Blog-Beiträgen sinnvoll, denn deren Leser können den Link zum Artikel auf diese Weise ganz einfach per Mausklick twittern.

KAPITEL 8 | Twittern von unterwegs

Als Twitter 2006 entstand, fand gerade der erste Smartphone-Boom statt. Plötzlich konnte man mit dem kleinen Gerät bequem alles von unterwegs erledigen, was man vorher nur mit einem PC oder Notebook machen konnte. Die zunehmende Mobilität war ein wichtiger Grund dafür, dass Twitter innerhalb kurzer Zeit so populär wurde. Seitdem nutzen immer mehr Menschen die mobilen Twitter-Möglichkeiten dazu, um beispielsweise aus ihrem Urlaub oder von interessanten Konferenzen live zu berichten.

In diesem Kapitel stellen wir Ihnen einige gute und kostenlose Twitter-Clients für Ihr Smartphone vor und konzentrieren uns dabei auf Clients für das iPhone und für Android-Smartphones. Es gibt vergleichbare Dienste aber auch für BlackBerry (**OpenBeak**, ehemals Twitterberry, http://www.orangatame.com/products/openbeak/), für Windows Phones (**Pocketwit**, http://code.google.com/p/pocketwit/) und für Symbian-Systeme (**Gravity**, http://mobileways.de/products/gravity/gravity/). In ihrer Funktionsweise sind sie sich alle sehr ähnlich.

Wir zeigen Ihnen aber auch, wie Sie mit Ihrem normalen Handy per SMS Tweets von unterwegs schreiben können, und geben Ihnen ein paar Tipps für das Twittern auf privaten oder beruflichen Reisen.

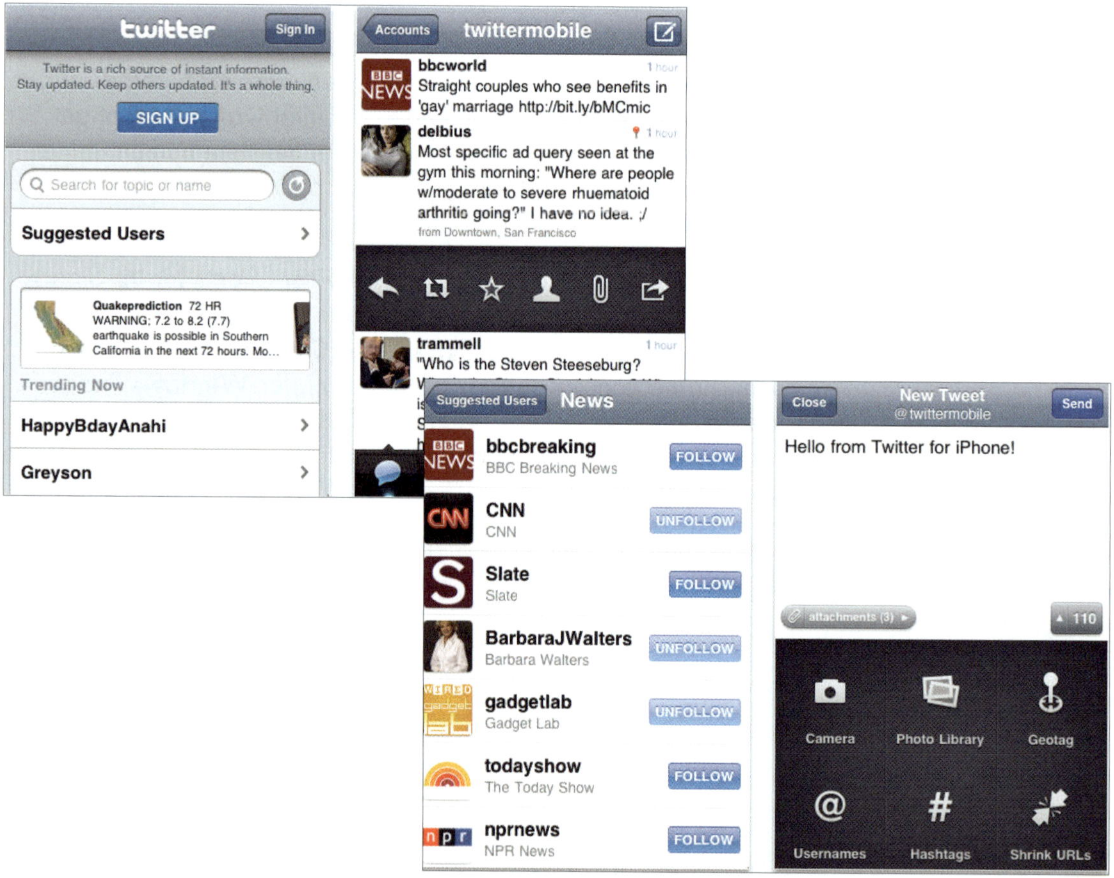
twitter
Sign In
Twitter is a rich source of instant information. Stay updated. Keep others updated. It's a whole thing.
SIGN UP
Search for topic or name
Suggested Users
Quakeprediction 72 HR WARNING: 7.2 to 8.2 (7.7) earthquake is possible in Southern California in the next 72 hours. Mo…
Trending Now
HappyBdayAnahi
Greyson
Accounts
twittermobile
bbcworld
1 hour
Straight couples who see benefits in 'gay' marriage http://bit.ly/bMCmic
delbius
1 hour
Most specific ad query seen at the gym this morning: "Where are people w/moderate to severe rhuematoid arthritic going?" I have no idea. ;/
from Downtown, San Francisco
trammell
1 hour
"Who is the Steven Steeseburg?
Suggested Users
News
bbcbreaking
BBC Breaking News
FOLLOW
CNN
CNN
UNFOLLOW
Slate
Slate
FOLLOW
BarbaraJWalters
Barbara Walters
UNFOLLOW
gadgetlab
Gadget Lab
UNFOLLOW
todayshow
The Today Show
FOLLOW
nprnews
NPR News
FOLLOW
Close
New Tweet
@twittermobile
Send
Hello from Twitter for iPhone!
attachments (3)
110
Camera
Photo Library
Geotag
Usernames
Hashtags
Shrink URLs

Twittern mit dem Smartphone: Teil 1

Sowohl für das **iPhone** wie auch für **Android-Smartphones** hat Twitter mittlerweile eine offizielle Twitter-App, die Sie unter http://itunes.apple.com/at/app/twitter/id333903271?mt=8 bzw. https://market.android.com/details?id=com.twitter.android kostenlos herunterladen können. Für das BlackBerry-Smartphone steht Ihnen unter http://de.blackberry.com/devices/features/social/twitter.jsp eine offizielle Twitter-App zur Verfügung.

Die Twitter-Clients für Smartphones bieten nahezu die gleichen Möglichkeiten wie ein Desktop-Client, die wir in Kapitel 2 vorstellen. Sie können also Ihre Tweets empfangen, von unterwegs eigene Tweets schreiben und versenden, aber auch Listen verwalten, retweeten und suchen.

Hilfe zur mobilen Version von Twitter erhalten Sie unter http://support.twitter.com/groups/34-mobile.

Carrier
2:50 PM
API Calls Remaining: 78/100 Resets in: 1 min
All Friends: coolgu...
All Friends: tweetdeckiphone
TechCrunch
nytimes
kevinrose
johnlegend

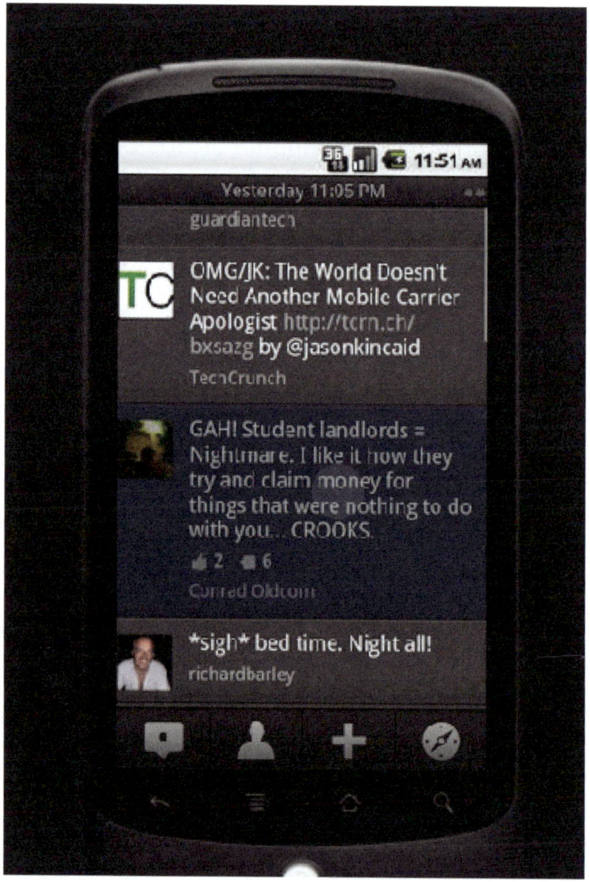
11:51 AM
Yesterday 11:05 PM
guardiantech
OMG/JK: The World Doesn't Need Another Mobile Carrier Apologist http://tcrn.ch/bxsazg by @jasonkincaid
TechCrunch
GAH! Student landlords = Nightmare. I like it how they try and claim money for things that were nothing to do with you... CROOKS.
2
6
sigh bed time. Night all!
richardbarley

Twittern mit dem Smartphone: Teil 2

TweetDeck (http://www.tweetdeck.com/) ist einer der beliebtesten mobilen Twitter-Clients. Es ist sowohl für iPhone und iPad sowie für Android-Smartphones erhältlich. TweetDeck zeigt alle Twitter-Features, die auch die Website zu bieten hat, auf einen Blick: Gruppen erstellen, Twitter durchsuchen, mehrere Accounts verwalten und Fotos, Videos, Links zu teilen – mit TweetDeck ist das alles ganz einfach möglich. So können Sie organisiert und auf dem Laufenden bleiben, egal wo Sie sich gerade befinden.

Darüber hinaus können Sie Ihren Aufenthaltsort zu Ihren Tweets hinzufügen und sich Spalten mit den Tweets anzeigen lassen, die aus Ihrer unmittelbaren Umgebung abgeschickt wurden.

Mehr Informationen über TweetDeck erhalten Sie unter http://www.tweetdeck.com/.

Telekom 3G 16:07
Close
New Tweet
from @Graf_Protz
Send
Dies ist das Tweet-Eingabefeld bei der iPhone-App "echofon".
80
1 2 3 4 5 6 7 8 9 0
- / : ; ( ) € & @ "
#+=
. , ? ! '
ABC
Leerzeichen
Return

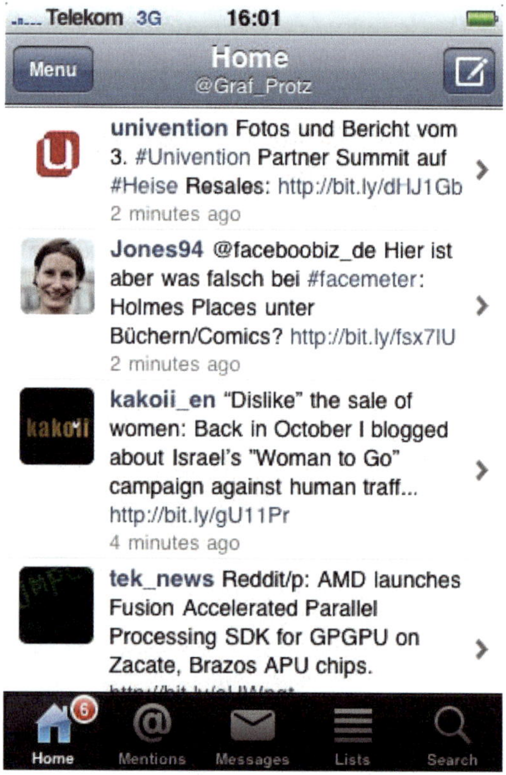
Telekom 3G 16:01
Menu
Home
@Graf_Protz
univention Fotos und Bericht vom 3. #Univention Partner Summit auf #Heise Resales: http://bit.ly/dHJ1Gb
2 minutes ago
Jones94 @faceboobiz_de Hier ist aber was falsch bei #facemeter: Holmes Places unter Büchern/Comics? http://bit.ly/fsx7IU
2 minutes ago
kakoii_en "Dislike" the sale of women: Back in October I blogged about Israel's "Woman to Go" campaign against human traff... http://bit.ly/gU11Pr
4 minutes ago
tek_news Reddit/p: AMD launches Fusion Accelerated Parallel Processing SDK for GPGPU on Zacate, Brazos APU chips.
Home
Mentions
Messages
Lists
Search

Twittern mit dem Smartphone: Teil 3

Echofon (http://www.echofon.com) ist ein weiterer populärer Twitter-Client für das iPhone und das iPad. Es bietet nahezu die gleichen Features, die auch das gleichnamige Browser-Plugin vom selben Hersteller bietet (wir haben Ihnen die Browser-Erweiterung in Kapitel 2 vorgestellt).

Der Echofon-Client besticht beispielsweise durch seine **komfortable Listenverwaltung**, die es Ihnen ermöglicht, Ihre Twitter-Listen übersichtlich und bequem zu pflegen. Ebenso schön gelöst ist die Anzeige von Trending Topics.

Die kostenlose App von Echofon blendet Werbung ein. Möchten Sie das nicht, dann können Sie auch eine kostenpflichtige App kaufen.

Mehr Informationen über die mobile Version von Echofon erhalten Sie unter http://www.echofon.com.

@stadtratilmenau
Pro Bockwurst

Heute ab 16 Uhr twittern wir wieder live aus dem Stadtrat. Hier die Tagesordnung: http://is.gd/rZ6DYQ #ilmenau #pro-bowu

20 Jan. via Echofon ☆ Als Favorit markieren ⇄ Retweet ↰ Antworten

@MariusMeyer
Marius Meyer

In den nächsten drei Tage twittere ich u.a. live von der #Hobit in #Darmstadt!

vor 18 Stunden via TweetDeck ☆ Als Favorit markieren ⇄ Retweet ↰ Antworten

@MariusMeyer
Marius Meyer

Bis jetzt war der Vortrag vom @mediencampus der beste. Hochinteressant! #hobit

vor 4 Stunden via TweetDeck ☆ Als Favorit markieren ⇄ Retweet ↰ Antworten

Mit dem Handy via SMS twittern

Sie können auch von unterwegs mit Ihrem Handy Tweets verschicken. Dabei sind jedoch einige Dinge zu beachten. Um per Handy zu twittern, gehen Sie auf Ihren Twitter-Account, klicken dort auf Einstellungen → Mobil und geben Ihre Handynummer ein. Vergessen Sie nicht, Ihre Einstellungen zu speichern. Jetzt können Sie eine SMS auf Ihrem Handy schreiben, die sofort auf Twitter veröffentlicht wird. Beachten Sie aber, dass diese SMS an einen Service in Großbritannien geschickt und dementsprechend von Ihrem Mobilfunkanbieter in Rechnung gestellt wird.

Twitter hat sich ein paar Befehle ausgedacht, um das Twittern per Handy effizienter zu machen. Eine kleine Befehlsauswahl finden Sie auf der Einstellungsseite, wo Sie Ihre Mobilnummer eingetragen haben. Eine vollständige Auflistung aller offiziellen Twitter-SMS-Befehle finden Sie im **Twitter Help Center** (http://support.twitter.com).

@_schlook
Yannick

Hallo, sitze im Zug ganz vorne.
http://**twitpic**.com/3tvy1p

vor 3 Minuten via Twitter for iPhone ☆ Als Favorit markieren ⇄ Retweet ↰ Antworten

Posted on January 27, 2011
by _schlook

More photos by _schlook

Share this photo

Put this photo on your website

Views 32

Events

Tags

Live von Veranstaltungen twittern

Wenn Sie sich auf einer Konferenz oder einer anderen Veranstaltung befinden, ist Twitter ein **großartiges Mittel, diese Ideen zu verstärken.** Tippen Sie einfach die besten Ideen ein, und erwähnen Sie die Sprecher. Oder teilen Sie interessante Beobachtungen mit. Gibt es ein Hashtag für das Ereignis, hängen Sie es an.

Sind Sie selbst Veranstalter, können Sie Tweets durch ein passendes Hashtag und dessen Veröffentlichung fördern. Twittern genügend Teilnehmer über Ihre Konferenz, erscheint sie vielleicht sogar in den „heißen Themen" (Kapitel 2), was kostenloser Werbung gleichkommt.

Als Organisator können Sie sogar weitergehen. Projizieren Sie Tweets Ihrer Veranstaltung auf dem Veranstaltungsgelände oder in den Vortragssälen auf Leinwände. Als Sprecher können Sie jemanden bestimmen, der Tweets mitverfolgt, und dadurch Rückmeldungen in Echtzeit geben, oder Sie können auch eine Live-Fragestunde über Twitter abhalten.

Twitter-Tipp

Wenn Sie live über eine Veranstaltung twittern, stellen Sie das Hashtag ans Ende Ihrer Tweets, nicht an den Anfang. Dadurch sind Ihre Meldungen *viel* lesbarer.

@KatharinaSp
Katharina

Himmel über Langkawi, Malaysia
#Urlaubsfoto #Kollege
http://instagr.am/p/BMvRa/

25 Jan. via Instagram ☆ Als Favorit markieren

@justmymee
Angela

Skitag 7! Der Berg ruft-Powder, Sonne, -14 C. Fun! www.laax.com #Ski #Laax
#Urlaub http://twitpic.com/3smfv9

23 Jan. via TwitPict ☆ Als Favorit markieren Retweet Antworten

@ThomasD83
Thomas Doehler

Blaue Brücke in Hamburg #bahn
#Lokführer http://twitpic.com/3tsijt

vor 8 Stunden via SimplyTweet ☆ Als Favorit markieren Retweet Antworten

Mit Twitter auf Reisen

Gerade auf Reisen gewinnen Sie neue Eindrücke, die Sie vielleicht mit Ihren Followern teilen möchten. Während einer gemütlichen Bahnfahrt haben Sie viel Zeit, um interessante Erlebnisse zu dokumentieren und per Tweet mit Ihren Followern zu teilen.

Erfahrene Twitterer nutzen häufig Tweets von unterwegs, um ihre Follower auf Veranstaltungen hinzuweisen, die **Anlass für die Reise** sind. Anstatt „Halte heute Abend einen Vortrag in Regensburg zum Thema Gastritis" zu twittern, liest sich ein „Bin auf dem Weg zur Gastritis-Konferenz in Regensburg, im Zug letzte Arbeiten an meinem Vortrag" doch viel spannender und anregender.

Probieren Sie es einmal aus, Sie werden überrascht sein, wenn Sie plötzlich einen Tweet von einem Ihrer Follower erhalten, der ausgerechnet im selben ICE sitzt wie Sie.

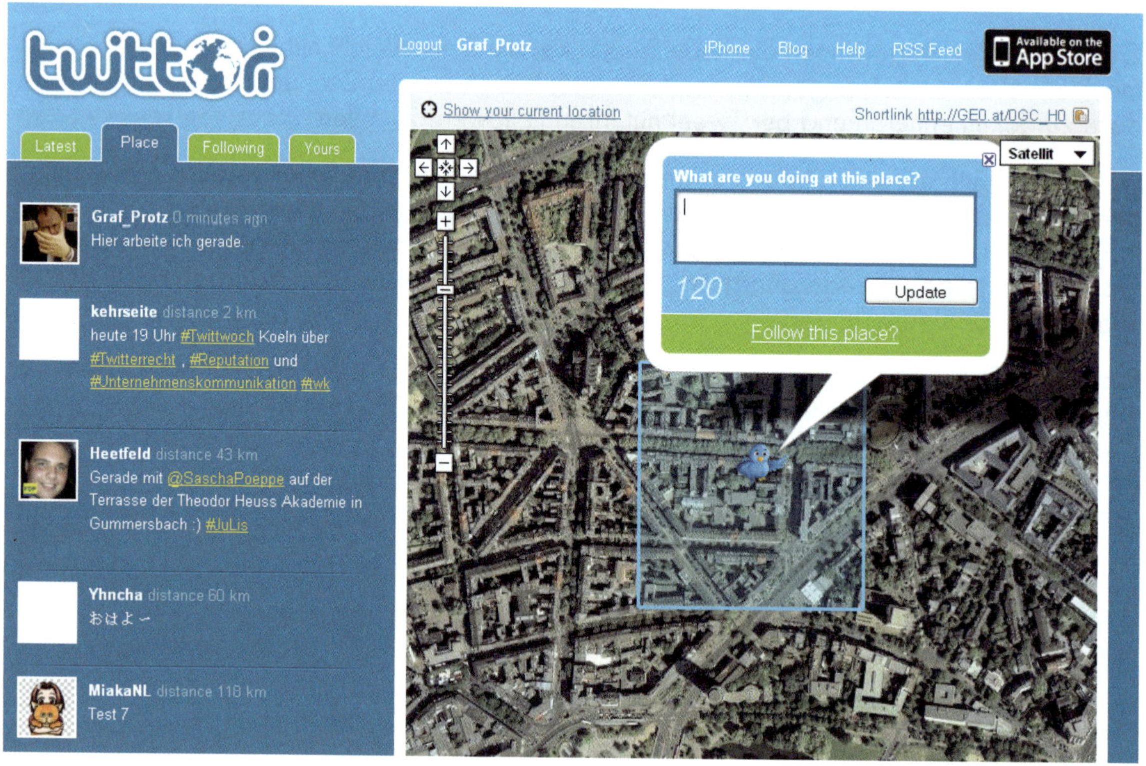
twittor
Logout Graf_Protz
iPhone
Blog
Help
RSS Feed
Available on the App Store
Show your current location
Shortlink http://GEO.at/0GC_H0
Latest
Place
Following
Yours
Graf_Protz 0 minutes ago
Hier arbeite ich gerade.
kehrseite distance 2 km
heute 19 Uhr #Twittwoch Koeln über #Twitterrecht , #Reputation und #Unternehmenskommunikation #twk
Heetfeld distance 43 km
Gerade mit @SaschaPoeppe auf der Terrasse der Theodor Heuss Akademie in Gummersbach :) #JuLis
Yhncha distance 60 km
おはよー
MiakaNL distance 118 km
Test 7
Satellit
What are you doing at this place?
120
Update
Follow this place?

Twittern aus dem Urlaub

Überraschen Sie doch Ihre Twitter-Freunde mit gelegentlichen Urlaubsgrüßen per Tweet.

Stellen Sie sich vor: Montag morgen, Beginn einer neuen Arbeitswoche für Sie, und Sie finden beim Durchschauen Ihrer Timeline einen Urlaubs-Tweet Ihrer besten Freundin vor. Ist das nicht wie ein Mini-Urlaub für Sie, wenn Sie dem im Tweet angegebenen Link zu einem Urlaubsfoto folgen und Ihre Freundin entspannt am Strand betrachten können?

Das Teilen von schönen Momenten ist eins der Erfolgsgeheimnisse von Twitter. Aber Vorsicht: Übertreiben Sie es nicht mit dem Verschicken von Urlaubs-Tweets. Ein witziger Tweet pro Tag, vielleicht auch versehen mit einen Foto-Link, ist sicherlich reizvoll für alle Ihre Follower, um an Ihrem Urlaub stimmungsmäßig Anteil zu nehmen; stündliche Tweets aus Ihrem Urlaub können dagegen des Guten zu viel sein für Ihre Twitter-Freunde, die vielleicht gerade im dicksten Arbeitsstress stecken.

Die Konversation fortführen

Wir möchten uns mit Ihnen über neue Verwendungsmöglichkeiten von Twitter und die Zukunft dieses Buches unterhalten. Wir werden es regelmäßig mit den Dingen aktualisieren, die wir von Ihnen lernen. Verwenden Sie für (englische) Kommentare das Hashtag #Twitter-Book, oder kontaktieren Sie uns direkt: @timoreilly und @sarahm. Weitere großartige Twitter-Tipps und -Ressourcen finden Sie auch unter Sarahs anderem Account: @TweetReport. Um mit anderen Lesern über die deutsche Ausgabe des Buches zu diskutieren, verwenden Sie das Hashtag #Twitterbuch.

Interessantes rund um O'Reilly finden Sie **auf folgenden Twitter-Kanälen**:

@OReilly_Verlag
O'Reilly Verlag, Deutschland

@OReillyMedia
O'Reilly Media, Inc., USA

@radar
Das IT-Blog von Tim O'Reilly

@headfirstlabs
Über die Buchreihe Head First/Von Kopf bis Fuß

@oscon
O'Reilly OSCON – Open Source Convention

@toc
O'Reilly TOC Conference – Tools of Change for Publishing

Index

Symbole

#fb 41, 237
#TwitterBook 265
#Twitterbuch 265
@Erwähnungen 45, 107, 123, 125, 139, 141, 153, 207

A

Accessible Twitter 19
Adobe Air 91
Ambient Awareness 9, 165
Ambient Intimacy 9
Android 249–255
 Twitter-Clients 251
 Twittern mit 251
Anmeldung 21
API 201
Avatar (siehe Profilbild)

B

Back Tweets 81
Baldwin, Micah 167
Benachrichtigungen bei Suchergebnissen (siehe E-Mail-Benachrichtigung für Suchbegriffe)
Benutzername, richtig wählen 21, 205
beste Tage zum Posten 169
Bieber, Justin 61
Bilder veröffentlichen 161, 221
Bio 23, 179, 199–201, 205
Bit.ly 35, 105, 171, 223
BlackBerry 249, 251
blockieren 139–141
Byrne, John 129, 197

C

C.H.Beck Verlag100–201
Clients von Drittherstellern 89–97, 107, 161, 201
Cli.gs 223
Comcast 203
CoTweet 201, 229
Cross-Senden 235

D

Desktop Clients (siehe Clients von Drittherstellern)
deutsche Trends 65
Dimaio, Pete 171
Direktmitteilung (DM) 49, 137–141, 193, 211, 227
DM (siehe Direktmitteilung)
DoesFollow 133

E

Echofon 97, 255
Eichborn Verlag 198–199
Einfluss 47, 101
eingehende Nachrichten gruppieren 93
Einstellungen (Settings) 23, 49, 131, 153, 179, 183, 185, 199
einzelne Nachrichten verlinken auf 159
E-Mail-Benachrichtigung für Suchbegriffe 79
E-Mail-Benachrichtigungen
 von Followern 131
 Zuverlässigkeit bei DMs 49
empfohlene Benutzer 29, 101
Entfolgen 135
Ereignisse 13
erneut posten (Retweet) 171
erweiterte Suche 71–75, 123
ExecTweets 187, 197

F

Facebook 41, 91, 95, 193, 233–239
Fail Whale 51
Favoriten 85–87
Favstar 87
folgen 25, 37, 99, 133, 135, 227
Follower 105, 131, 133
FollowFriday 41, 167
Following beenden 135, 139–141, 151
Fragen
 beantworten 123
 stellen 121, 129, 259
Frauenfußball-WM 77
Freunde finden 27–29, 205
Frequenz (siehe Wie oft twittern)
FriendOrFollow 133
Fuel Interactive 171

G

Geld verdienen auf Twitter 217
Gemeinschaft 103, 209
Get Satisfaction 55
Gravity 249
Gruppen-Chats 129

H

Hashtags 3, 41, 91, 129, 143, 167, 259
Hilfe 55, 141
Hintergründe 183–185, 196, 198–201, 203
Hootsuite 95, 165
Hsieh, Tony 197
HubSpot 168–169
Humor 117, 151, 177

I

Icon (siehe Profilbild)
Img.ly 161
Informationen, in Echtzeit 15
iPhone 95, 249–255
Is.gd 35

J

Jobs finden 149
Journalisten 213, 225

K

Kawasaki, Guy 127
Klicks mitverfolgen 223
Konferenzen 249, 259
Konversation 17, 103, 105, 189, 207
Kopräsenz 173
Kundendienst 193, 211

L

Links
  auf einzelne Nachrichten 159
  auf Ihre Website, mitverfolgen 81
  auf Websites 155–157, 213, 215
  in Tweets, mitverfolgen 223
Listen 39
Live twittern 127, 259
Lu, Yiying 51

M

Marketing 193, 197
mehrere Autoren, auf einem Twitter-Account 201
mehrere Accounts, koordinieren 203
Mayersche Buchhandlung 206–207
Mikrokommunikation
  in Firmen 187
  intern 187
Milstein, Sarah 9, 109, 113, 135, 265
mobil twittern (siehe Twittern von unterwegs)
mobile Twitter-Clients 85, 249
  Echofon 255
  für iPhone und Android 251
  TweetDeck 253
Mobiltelefon (siehe Smartphones)
Monitter 75
Myspace 240–245

N

Nachrichten 11–13, 83
Nachrichten signieren 201
Name, als Teil des Profils 205
Networking 99, 105, 149
Nutzerzahlen 5
Nutzungsbedingungen, Verstöße 141

O

OH (mitgehört) 163
OpenBeak 249
O'Reilly, Tim 9, 29, 171

P

Pl0gbars 145
persönliche Updates 175, 221
Ping.fm 241
Pocketwit 249
Pogue, David 23
Posten, gute Zeit zum 169
Present.ly 187
Profil, richtig ausfüllen 23, 199
Profilbild 23, 181
Promis bei Twitter 17
Promoted Tweets 205

R

Rafferty, Gerry 61
Reichet, Leisa 9
Retweet 47, 109–119, 155, 171, 209, 217
RSS-Feeds in Twitter 165, 215
RSS-Feeds von Twitter 77, 215
RT (siehe Retweet)

S

Scoble, Robert 127
Seesmic Desktop 91
Selective Twitter Status 237
Shankman, Peter 225
Shirky, Clay 141
Smartphone-Boom 249
Smartphones
  Android 253
  Echofon 255
  iPad 253, 255
  iPhone 253, 255
  TweetDeck 253
  Twitter-Clients 251
SMS-Kurzbefehle 257
SocialVisor 89

Spam 55, 107, 137–141
Spiegel Online 202–203
Statistiken 168
Stone, Biz 51
Suche (siehe Twitter-Suche)
Suchtipps 59, 71–75
Symbian-Systeme 249

T

Tagalus 41
Telefon (siehe Smartphones)
Textbefehle 87
The next web 111
Tracking Twitter 187
Trending Topics 53, 61–69
Trendistic 229
Tr.im 223
Trends aufspüren 63–69
Trendsmap.com 65
TweepDiff 133, 229
Tweet 43
TweetBeep 79
TweetBrain 121
TweetChat 129
TweetDeck 75, 93, 253
TweetGrid 75, 129
TweetMeme 83
Tweetranking 99
TweetReach 223
TweetStats 195
Tweetup 143–147
Tweets auf Leinwand projizieren 259
Tweetup 143
Twhirl 115
Twibs 187
Twimailer 131
Twitalyzer 101
TwitBacks 185
Twitdom 230–231
TwitPic 91, 161
TwitScoop 67
Twittagessen 147
Twitter auf Reisen 261
Twitter Facebook App 239
Twitter Gallery 185
Twitter Help Center 257
Twitter-Apps
  für iPhone und Android 251
Twitter-Clients
  für iPhone und Android 251
Twitter-Hilfe 55
Twitter-Stammtisch 145
Twitter-Suche (siehe auch erweiterte Suche) 15, 41, 53, 59–61, 71, 99, 121, 129, 189, 211
Twitter-Widgets (siehe Widgets)
TwitterBerry 249
TwitterCounter 101
TwitterFeed 165
Twittern aus dem Urlaub 263
Twittern per SMS 257
Twittern von unterwegs 249
Twittern von Veranstaltungen 259
Twittern-Button 246–247
Twitterthemen 61
Twitturly 83
Twittwoch 145
Twopular 69
Twtpoll 17
Twtvite 143

U

URL-Verkürzungsdienste 35, 81, 91
  zum Mitverfolgen von Klicks 223
  Retweet, und 111, 119
URL, mitverfolgen 81–83

V

Verkäufe 217
verkürzte URLs (siehe URL-Verkürzungsdienste)
Veröffentlichungsplattform 165
Verzeichnisse 99, 187
via 111–115
Vorschlag-Maschinen 99

W

Webevangelisten 67
WeFollow 99
Werbeaktionen 217
Wettbewerbe 217
What The Trend 41, 63, 69
Widgets 157, 245
Wie oft twittern 127
Wiley-Verlag 195
Windows Phones 249
Wochentage, geeignet zum Posten 169
WordPress 243

Y

Yammer 187
yfrog 161

Z

Zappos 197
Zarrella, Dan 117, 127
Ziele, für geschäftliche Accounts 191
Zitate 165, 177
Zuhören (siehe Twitter-Suche)